重庆邮电大学教材

经管类专业虚拟仿真实验系列教材

互联网营销实训教程

HULIANWANG YINGXIAO
SHIXUN JIAOCHENG

袁野 主编　　申笑宇 姚远 副主编

西南财经大学出版社

图书在版编目(CIP)数据

互联网营销实训教程/袁野主编. —成都:西南财经大学出版社,2018.8

ISBN 978-7-5504-2733-4

Ⅰ.①互… Ⅱ.①袁… Ⅲ.①网络营销—教材
Ⅳ.①F713.365.2

中国版本图书馆 CIP 数据核字(2016)第 284515 号

互联网营销实训教程

袁野　主编
申笑宇　姚远　副主编

责任编辑:朱斐然
装帧设计:穆志坚
责任印制:朱曼丽

出版发行	西南财经大学出版社(四川省成都市光华村街55号)
网　　址	http://www.bookcj.com
电子邮件	bookcj@foxmail.com
邮政编码	610074
电　　话	028-87353785　87352368
照　　排	四川胜翔数码印务设计有限公司
印　　刷	郫县犀浦印刷厂
成品尺寸	185mm×260mm
印　　张	12.75
字　　数	274千字
版　　次	2018年8月第1版
印　　次	2018年8月第1次印刷
书　　号	ISBN 978-7-5504-2733-4
定　　价	48.00元

1. 版权所有,翻印必究。
2. 如有印刷、装订等差错,可向本社营销部调换。
3. 本书封底无本社数码防伪标识,不得销售。

经管类专业虚拟仿真实验系列教材
编 委 会

主　任：林金朝

副主任：万晓榆　卢安文　张　鹏　胡学刚　刘　进

委　员（排名不分先后）：

　　　　　　龙　伟　付德强　吕小宇　任志霞　刘雪艳

　　　　　　刘丽玲　杜茂康　李　艳　何建洪　何郑涛

　　　　　　张　洪　陈奇志　陈家佳　武建军　罗文龙

　　　　　　周玉敏　周　青　胡大权　胡　晓　姜　林

　　　　　　袁　野　黄蜀江　樊自甫　蹇　洁

总 序

实践教学是高校实现人才培养目标的重要环节，对形成学生的专业素养，养成学生的创新习惯，提高学生的综合素质具有不可替代的重要作用。加强和改进实践教学环节是促进高等教育方式改革的内在要求，是培养适应社会经济发展需要的创新创业人才的重要举措，是提高本科教学质量的突破口。

信息通信技术（ICT）的融合和发展推动了知识社会以科学2.0、技术2.0和管理2.0三者相互作用为创新引擎的创新新业态（创新2.0）的形成。创新2.0以个性创新、开放创新、大众创新、协同创新为特征，不断深刻地影响和改变着社会形态以及人们的生活方式、学习模式、工作方法和组织形式。随着国家创新驱动发展战略的深入实施，高等学校的人才培养模式必须与之相适应，应主动将"创新创业教育"融入人才培养的全过程，应主动面向"互联网+"不断丰富专业建设内涵、优化专业培养方案。

"双创教育"为经济管理类专业建设带来了新的机遇与挑战。一方面，经济管理类专业建设应使本专业培养的人才掌握系统的专门知识，具有良好的创新创业素质，具备较强的实际应用能力；另一方面，经济管理类专业建设还应主动服务于以"创新创业教育"为主要内容的相关专业的建设和发展。在进行包括师资建设、课程建设、资源建设、实验条件建设等内容的教学体系建设中，教学内容、资源、方式、手段的信息化提供了有力的支撑。《国家中长期教育改革和发展规划纲要（2010—2020年）》提出：信息技术对教育发展具有革命性影响，必须予以高度重视。《教育信息化十年发展规划（2011—2020年）》提出：推动信息技术和高等教育深度融合，建设优质数字化资源和共享环境，在2011—2020年建设1 500套虚拟仿真实训实验系统。经济管理类专业的应用性和实践性很强，其实践教学具有系统性、综合性、开放性、情景性、体验性、自主性、创新性等特征，实践教学平台、资源、方式的信息化和虚拟化有利于促进实践教学模式改革，有利于提升实践教学在专业教育中的效能。但是，我国经济管理类专业实践教学体系的信息化和虚拟化起步较晚，全国高校已建的300个国家级虚拟仿真实验教学中心主要集中在理工农医类专业。为了实现传统的验证式、演示式实践教学向体验式、互动式的实践教学转变，将虚拟仿真技术运用于经济管理类专业的实践教学显得十分必要。

重庆邮电大学经济管理类专业实验中心在长期的实践教学过程中，依托学校的信息通信技术学科优势，不断提高信息化水平，积极探索经济管理类专业实践教学的建设与改革，形成了"两维度、三层次"的实践教学体系。在通识经济管理类人才培养的基础上，将信息技术与经济管理知识两个维度有效融合，按照管理基础能力、行业应用能力、综合创新能力三个层次，主要面向信息通信行业，培养具有较强信息技术能力的经济管理类高级人才。该中心2011年被评为"重庆市高等学校实验教学示范中心"，2012年建成了重庆市高校第一个云教学实验平台——"商务智能与信息服务实验室"。2013年以来，该中心积极配合学校按照教育部及重庆市建设国家级虚拟仿真实验教学中心的相关规划，加强虚拟仿真环境建设，自主开发了"电信运营商组织营销决策系统""电信boss经营分析系统""企业信息分析与业务外包系统"三套大型虚拟仿真系统，同时购置了"企业经营管理综合仿真系统""商务智能系统"以及财会、金融、物流、人力资源、网络营销等专业的模拟仿真教学软件，搭建了功能完善的经济管理类专业虚拟化实践教学平台。

为了更好地发挥我校已建成的经济管理类专业虚拟实践教学平台在"创新创业教育"改革中的作用，在实践教学环节让学生在全仿真的企业环境中了解企业的生产运营过程，缩小课堂教学与实际应用的差距，需要一套系统规范的实验教材与之配套。因此，我们组织长期工作在教学一线、具有丰富实践教学经验和企业工作经历的教学和管理团队精心编写了系列化实验教材，并在此基础上进一步开发虚拟化仿真实践教学资源，以期形成完整的基于教育教学信息化的经济管理类专业的实践教学体系，使该体系在全面提升经济管理类专业学生的信息处理能力、决策支持能力和协同创新能力方面发挥更大的作用，同时更好地支持学校实施的"以知识、能力、素质三位一体为人才培养目标，以创新创业教育改革为抓手，以全面教育教学信息化为支撑"的本科教学模式改革。各位参编人员广泛调研、认真探讨、严谨治学，为该系列实验教材的出版付出了辛勤的劳动，西南财经大学出版社对本系列实验教材的出版给予了鼎力支持。本系列实验教材的编写和出版获得了重庆市高校教学改革重点项目"面向信息行业的创新创业模拟实验区建设研究与实践（编号132004）"的资助。在此一并致谢！

由于本系列实验教材的编写和出版是对虚拟化经济管理类专业实践教学模式的探索，经济管理类专业的实践教学内涵本身也还在不断地丰富和发展，加之出版时间仓促，编写团队的认知和水平有限，本系列实验教材难免存在一些不足，恳请同行和读者批评指正！

林金朝

2016年8月

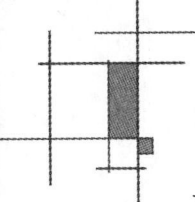

前 言

在"互联网+"时代,新的网络业态和商业模式的变革对高校市场营销类的人才培养和发展模式提出了新的挑战,这就需要我们用互联网的跨界融合思维去引导学生。结合自身的教学、企业管理咨询、培训的工作经历,从互联网新技术、新业态、新思维的视角,在参考国内外同类优秀教材的基础上,重新对互联网营销实训这门课程进行定位,并在对教学质量加以评估的基础上,完成了本教材的编写。本教材的特色主要有以下几个方面:

(1) 本教材适用于高等学校经济管理专业课程,主要是本科的工商管理、市场营销等专业。

(2) 本教材分为理论篇、实战篇、案例篇三个部分。其内容涵盖互联网营销领域经典理论,详尽透彻,结构合理,逻辑性强。全书沿着"理论—实践—案例"的逻辑主线进行教学,由浅入深,通俗易懂。

(3) 本教材结合学校专业学科建设,并与企业实际相联系。其依托重庆邮电大学与百度共建的互联网网络营销实验室、中央与地方共建实验室等平台,结合SEO搜索引擎沙箱模拟软件,将互联网营销的创意账户设置、创意撰写、实验设计、案例操作融为一体,把现在企业通过互联网推广的实践应用和模拟软件有机地结合起来,内容体系紧扣重庆邮电大学经济管理专业特色人才所必备的基本原理、基本方法、基本技能和应用。

(4) 本教材突出经济和效率的原则。在有限的实验课程安排下,本教材融入成熟、先进、恰当的互联网营销理论和方法,适当增加实际企业案例,应用百度SEO搜索引擎沙箱软件进行后台模拟。教材针对性强,内容合理、新颖,篇幅适当,经济实用,是经济管理专业学生学习互联网营销实验课程的一本较为合适的教学用书。

在编写的过程中,我们参阅了国内外最新的网络营销相关案例和指导手册。本书是重庆邮电大学经济管理学院袁野、申笑宇、姚远三位博士的辛勤成果。由袁野博士负责全书的大纲拟定和定稿工作。具体分工为:袁野博士编写实战篇、案例篇;申笑宇、姚远博士编写理论篇。感谢重庆邮电大学经济管理学院万晓榆教授、刘跃教授、卢安文教授、樊自甫教授、施涛教授为本书编写提供的大量帮助和指导。感谢重庆邮电大学2014级本科学生师豪豪为本书所做的基础性工作。

目 录

理论篇

1 **绪论** /3
  1.1 网络营销概述 /3
    1.1.1 网络营销的产生与发展 /3
    1.1.2 网络营销的定义 /4
    1.1.3 网络营销的特点 /4
    1.1.4 网络营销和传统营销 /5
  1.2 网络营销理论基础 /6
    1.2.1 4P、4C 营销理论 /6
    1.2.2 直复营销理论 /7
    1.2.3 整合营销理论 /7
    1.2.4 关系营销理论 /8
    1.2.5 软营销理论 /8
  1.3 新兴网络营销模式 /9
    1.3.1 SNS 网络营销 /9
    1.3.2 微博营销 /10
    1.3.3 微信营销 /11
    1.3.4 搜索引擎营销 /13

2 **SEO 理论概述** /16
  2.1 SEO 概述 /16
    2.1.1 SEO 的定义 /16
    2.1.2 SEO 的作用与网站 /16
    2.1.3 搜索推广的竞价与推广 /17
    2.1.4 SEO 的特点 /18
  2.2 SEO 的基本概念与术语 /19

  2.2.1 网站、网站的域名和空间 / 19
  2.2.2 超链接、内链接和外链接 / 20
  2.2.3 锚文本、导入与导出链接 / 24
 2.3 关键词及创意 / 25
  2.3.1 关键词的定义及其分类 / 25
  2.3.2 各种关键词的特点及作用介绍 / 26
  2.3.3 关键词的寻找 / 28
  2.3.4 关键词匹配方式选择与出价 / 29
  2.3.5 关键词质量度与否定关键词 / 30
  2.3.6 创意的撰写与展现 / 32
 2.4 SEO 相关操作技巧 / 33
  2.4.1 宣传链轮 / 33
  2.4.2 网站外链、收录量及排名 / 34
  2.4.3 错误链接、死链接和 404 错误界面 / 35
  2.4.4 百度权重和 PR / 37
  2.4.5 nofollow 标签 / 38
 2.5 百度搜索推广基本内容介绍 / 38
  2.5.1 百度搜索引擎推广 / 38
  2.5.2 推广账户、推广计划与推广单元 / 40
  2.5.3 账户、推广计划与推广单元状态 / 41
  2.5.4 预算、推广地域、推广时段与移动出价比例 / 42

实战篇

3 实验一：系统使用基础 / 47
 3.1 实验目的 / 47
 3.2 客户基本信息 / 47
 3.3 实验内容 / 48

3.4　实验要求　／48
　　3.5　实验步骤　／48
　　3.6　实验任务　／56

4　**实验二：各层级设置**　／57
　　4.1　实验目的　／57
　　4.2　客户基本信息　／57
　　4.3　实验内容　／58
　　4.4　实验要求　／58
　　4.5　实验步骤　／58
　　4.6　实验任务　／68

5　**实验三：进阶训练（一）**　／69
　　5.1　实验目的　／69
　　5.2　客户基本信息　／69
　　5.3　实验内容　／70
　　5.4　实验要求　／70
　　5.5　实验步骤　／70
　　5.6　实验任务　／75

6　**实验四：进阶训练（二）**　／77
　　6.1　实验目的　／77
　　6.2　客户基本信息　／77
　　6.3　实验内容　／78
　　6.4　实验要求　／78
　　6.5　实验步骤　／78
　　6.6　实验任务　／88

案例篇

7 案例一：手机在北京和天津的推广 / 91
- 7.1 客户基本信息 / 91
- 7.2 搜索推广操作 / 91
  - 7.2.1 建立账户结构 / 91
  - 7.2.2 添加关键词 / 95
  - 7.2.3 新增创意 / 101
- 7.3 各层级设置 / 105
  - 7.3.1 账户层级设置 / 105
  - 7.3.2 推广计划层级设置 / 108
  - 7.3.3 推广单元层级设置 / 110
  - 7.3.4 关键词层级设置 / 114
  - 7.3.5 创意层级设置 / 118
- 7.4 实验任务 / 121

8 案例二：电冰箱在重庆和成都的推广 / 123
- 8.1 客户基本信息 / 123
- 8.2 搜索推广操作 / 123
  - 8.2.1 建立账户结构 / 123
  - 8.2.2 添加关键词 / 126
  - 8.2.3 新增创意 / 131
- 8.3 各层级设置 / 134
  - 8.3.1 账户层级设置 / 134
  - 8.3.2 推广计划层级设置 / 136
  - 8.3.3 推广单元层级设置 / 138
  - 8.3.4 关键词层级设置 / 140
  - 8.3.5 创意层级设置 / 142

8.4 实验任务 /145

9 案例三：王牌大米公司在全国的推广 /147
9.1 客户基本信息 /147
9.2 搜索推广操作 /147
    9.2.1 建立账户结构 /147
    9.2.2 添加关键词 /149
    9.2.3 新增创意 /151
9.3 各层级设置 /153
    9.3.1 账户层级设置 /153
    9.3.2 推广计划层级设置 /155
    9.3.3 推广单元层级设置 /160
    9.3.4 关键词层级设置 /162
    9.3.5 创意层级设置 /164

10 案例四：蛋糕店在重庆与成都的推广 /167
10.1 客户基本信息 /167
10.2 搜索推广操作 /169
    10.2.1 建立账户结构 /169
    10.2.2 添加关键词 /171
    10.2.3 新增创意 /174
10.3 各层级设置 /179
    10.3.1 账户层级的设置 /179
    10.3.2 推广计划层级的设置 /179
    10.3.3 推广单元层级设置 /183
    10.3.4 关键词层级设置 /186
    10.3.5 创意层次设置 /188

理论篇

1 绪论

1.1 网络营销概述

1.1.1 网络营销的产生与发展

2017年8月，中国互联网络信息中心（CNNIC）在京发布第40次《中国互联网络发展状况统计报告》。截至2017年6月，我国网民规模达到7.51亿，占全球网民总数的五分之一。互联网普及率为54.3%，超过全球平均水平4.6个百分点。国际互联网（Internet）的高速发展催生了网络技术的应用与推广。21世纪是信息网络的时代，全球范围内互联网应用的热潮席卷而来，世界各大公司纷纷上网提供信息服务和拓展业务范围，积极改组企业内部结构和发展新的管理营销方法。网络营销作为信息网络时代一种全新的营销理论和营销模式，是适应网络技术发展与信息网络年代社会变革的新生事物，将成为本世纪崭新的低成本、高效率的新型商业模式之一。

随着科技的进步，社会的发展与文明程度的提高，消费者的消费观念也发生了转变，消费者开始主动通过各种渠道获取商品信息。随着市场竞争的日益激烈，为了在竞争中占有优势，企业经营者迫切需要新的营销方法和营销理念武装头脑，帮助自身在竞争中出奇制胜。企业开展网络营销，可以缩短资金周转链，加快企业信息的获取与反馈，在潜力巨大的市场上抓住机遇，提高竞争力。

在我国，网络营销起步较晚，1996年我国企业开始在商务领域开展网络营销活动。1997—2000年是我国网络营销的起始阶段，电子商务快速发展，越来越多的企业开始注重网络营销；2000年，我国网络营销进入应用和发展阶段，网络营销服务市场的趋势初步形成，企业网站建设迅速发展，网络广告不断创新，营销工具与手段不断涌现和发展；到2008年6月底，中国网民人数达2.53亿人，居世界第一位，网购人数达6 329万人；到2009年12月底，中国网民人数近4亿人，居全球第一；到2010年6月底，总体网民规模达到4.2亿人；截至2011年6月底，我国网民总数达4.85亿人，互联网普及率为36.2%，较2010年12月底提高1.9个百分点。随着入网门槛的不断降低，我国网民人数到2012年将突破5亿人，网络营销活动正活跃地介入企业的生产经营中。国内网络市场在高速轨道上全速前行，成为一个新兴的潜力巨大的市场。因此，企业如何在潜力如此巨大的市场上开展网络营销、占领新兴市场对企业来说既是机遇又是挑战。

1.1.2 网络营销的定义

1. 市场营销的概念

2013年7月，美国市场营销协会（American Marketing Association，AMA）将市场营销定义为：市场营销是在创造、沟通、传播和交换产品中，为顾客、客户、合作伙伴以及整个社会带来价值的一系列活动、过程和体系。具有"现代营销学之父"之称的美国教授菲利普·科特勒在《营销管理》一书中强调了营销的价值导向，认为市场营销是个人和集体通过创造并同别人自由交换产品和价值，来获得其所需所欲之物的一种社会管理过程。

2. 网络营销的概念

网络营销的同义词包括网上营销、互联网营销、在线营销、网路行销等。网络营销在国外有许多翻译的方法，如 Cyber Marketing，Internet Marketing，Network Marketing，E-Marketing 等。不同的单词词组有着不同的涵义：Cyber（计算机虚拟空间）Marketing 主要是指网络营销是在虚拟的计算机空间进行运作；Internet Marketing 是指在 Internet 上开展的营销活动，同时这里指的网络不仅仅是 Internet，还可以是一些其他类型网络，如增值网络 VAN；E-Marketing，E 表示电子化、信息化、网络化，而且与电子商务（E-Business）、电子虚拟市场（E-Market）等进行对应。

自20世纪60年代网络兴起以来，网络营销理论就不断被提出。美国经济学家托马斯·马龙教授最早提出网络营销概念，并把网络营销分为狭义和广义的网络营销。狭义的网络营销指的是在运用电子化的买卖过程中，卖方找到潜在的客户并了解其需求，而买方找到潜在的卖主并了解其产品的销售条件等。广义的网络营销指的是在商业活动中的所有方面都得到了信息技术的支持，这些活动不仅包括买和卖，还包括设计、制造和管理等。1997年11月6日，法国巴黎的世界网络营销会议将网络营销定义为网络营销（Electronic Commerce），是指对整个贸易活动实现电子化。也有学者认为网络营销，即 E-Marketing，是通过对信息技术的广泛应用，达到以下目标：第一，通过更为有效的市场细分、目标定位、差异化、渠道策略等方式，转换营销战略，为顾客创造更大价值；第二，对网络营销理念、分销策略、促销策略、产品价格、服务及创意等进行更为有效的规划和实施；第三，创造满足个人和组织客户需求的交易。

1.1.3 网络营销的特点

网络营销作为新兴的事物蕴藏着无限的发展潜力，它的兴起与发展是大势所趋。网络营销最重要的一个本质是信息的传递与交换，在此过程中也呈现出其以下的特性：

1. 超时空

由于互联网能够超越时间和空间的限制进行信息的传播，网络营销可以全天24小时在世界各地进行交易。企业进行营销的时间延长，空间放大，交易量随之上升，市场份额的占有量自然提升。

2. 多媒体

互联网可以传输多种媒体的信息，如文字、声音、图像等，信息的传播能以多种形式在各个媒介间存在和交换，这将为网络营销活动的实施开辟出新的天地，改变了传统营销活动的模式，更具有创新性。

3. 交互性

互联网可以展示商品的一切相关信息，与消费者实现供需互动与双向沟通，还可以进行产品体验与消费者满意度调查等各项活动。互联网已成为产品的设计与研发、商品信息的发布、以及各项营销活动提供相关服务的最佳工具。

4. 发展性

互联网使用者数量高速扩展并遍及全球，使用者以年轻人、中产阶级、受教育程度较高人群居多。由于这部分消费群体的购买力很强，而且具有很强的市场影响力，因此这是极具开发潜力的广阔市场。

5. 高效性

计算机可储存大量的信息供消费者查询，可传送的信息数量与精确度，大大超过其他媒体，并能应市场需求及时更新产品或调整价格，及时有效地了解并满足顾客的需求。

6. 经济性

用互联网进行信息交换来代替以前的实物交换。一方面可以减少整个营销过程中实体店面的一些成本，如店面租金、人工成本、运输成本等；另一方面可以减少多次迂回交换带来的损耗。

1.1.4 网络营销和传统营销

1. 网络营销和传统营销的关系

网络营销和传统营销的关系在于传统营销和网络营销都是经济发展的产物，传统营销是网络营销的理论基础，网络营销是传统营销的延伸。网络营销的出现在一定程度上改变了传统营销的力量和存在的实务基础，但网络营销并非独立存在，而是企业整体营销策略中的一个组成部分，网络营销与传统营销相结合形成一个相辅相成、互相促进的营销体系。只有结合网络营销的优势和传统营销的特点，实现两种营销模式的整合，才能使企业的整体营销策略获得最大的成功。

2. 网络营销和传统营销的区别

网络营销区别于传统营销，其体现在：一是市场形态不同，传统营销有实物的陈列，而网络营销市场是虚拟的，主要通过图片和文字的方式陈列；二是沟通方式和信息传递方式的不同，传统营销中消费者是单向的信息接收者，信息是有限的，而网络营销中，消费者可以对信息进行自主选择，并能将信息及时反馈给企业，网络消费者既在接受信息，也在反馈信息；三是营销策略的不同，网络营销可以实现为不同的消费者提供不同的产品，消费者和企业之间联系是快捷直接的，省去了很多中间渠道，这样就使得在营销时营销渠道、产品定价和广告策略都产生一定的变化；四是客户关系管理的不同，企业网络营销的竞争焦点是客

户，企业网络营销成功的关键是与客户保持紧密的联系、掌握客户的特性并取得客户对企业的信任。

3. 网络营销和传统营销的整合

网络营销与传统营销都把满足消费者的需求作为一切营销活动的出发点，相对于传统营销，网络营销的优点包括交互性、高效率性、低成本性和拥有庞大的客户群体。对消费者而言，网络营销最突出的优点就是购物不再受空间和时间限制；而对企业来说，网络营销最突出的优点就是降低运营成本的同时增加客户量，使得利益最大化。当然，网络营销相对于传统营销也存在着很多局限性。对消费者而言，网络营销最突出的缺点就是商品不再是看得见、摸得着的实物，图片和文字说明毕竟不能完全反映物品的特性；对企业来说，网络营销最突出的缺点就是营销变得被动，主动权转移到了消费者手中。人类已经步入知识经济时代，网络营销是时代发展的必然走向，企业未来的发展需要网络营销，也需要传统营销，这样就需要两者的有机结合。企业在进行营销时应根据自身的市场定位和目标需求，整合网络营销和传统营销策略来实现以消费者为中心的传播，保持传统营销底子厚的优势，发挥网络营销"多、快、省"的先天条件，努力寻求两者最佳的结合点，从而使企业利益最优化。

1.2 网络营销理论基础

1.2.1 4P、4C 营销理论

美国营销专家杰罗姆·麦卡锡（E. Jerome McCarthy）于 1960 年在其《基础营销》（Basic Marketing）一书中第一次将企业的营销要素归结为四个基本策略组合，即著名的 4P 营销组合理论：产品策略（Product）、价格策略（Price）、渠道策略（Place）、促销策略（Promotion）。4P 营销理论构成了现代营销理论的基本框架。20 世纪 90 年代以后，社会进入网络时代，由此衍生出以满足客户需求为中心的 4C 营销理论。

从 4P 到 4C 代表了现代营销理论的发展和演变过程，4C 即：顾客（Customer）、成本（Cost）、便利（Convenience）、沟通（Communication），其核心就是以消费者利益为思考原点，体现客户价值。从传统的 4P "消费者请注意"转换成了 4C 的"请注意消费者"。

顾客（Customer）：企业必须首先了解和研究顾客，根据顾客的需求来提供产品，企业提供的不仅仅是产品和服务，更重要的是由此产生的客户价值；成本（Cost）：不单是企业的生产成本，它还包括顾客的购买成本，同时也意味着产品定价的理想情况，应该是既低于顾客的心理价格，亦能够让企业有所盈利，顾客购买成本包括其货币支出，其为此耗费的时间、体力、精力消耗和购买风险；便利（Convenience）：制订分销策略时，要更多地考虑顾客的方便，而不是企业自己方便，要通过好的售前、售中和售后服务来让顾客在购物的同时，也享受到便利；沟通（Communication）：企业应通过同顾客进行积极有效的双向沟通，建立

基于共同利益的新型企业顾客关系。这不再是企业单向的促销和劝导顾客，而是在双方的沟通中找到能同时实现各自目标的通途。

4C营销理论的主要观念是消费者导向型营销。这种理念的核心是"以消费者为中心"，以满足消费者需求为企业营销的目标。随着互联网的普及，市场营销环境有了根本性的改变，人们对市场营销策略和理念产生了巨大的冲击，以消费者为导向的4C营销策略在网络营销中得到充分的展示。网络营销作为实现企业营销目标的一种全新营销方式和营销手段，是企业整体营销策略的重要组成部分。网络营销不仅仅是线上营销，还包括线下营销，即传统营销。两者相互结合，形成一个相辅相成、互相促进的营销体系。

4P和4C营销理论是营销理论的基础，而为了适应网络经济时代的发展，我们又延伸出新的网络营销理论基础，主要是直复营销理论、整合营销理论、关系营销理论、软营销理论。

1.2.2 直复营销理论

直复营销的核心思想是用户与营销方的直接交流。它是针对传统营销手段单向传递信息这一不足而进行完善的一种营销方式。营销方首先根据用户需求、用户心理、对手情况和市场环境进行综合研究，提出营销策略并通过直接的沟通渠道实施营销活动。而用户在接收到营销信息的同时可以进行反馈，争取自身的需求得到满足。直复营销的交流渠道建立之后，双方可以为最大限度实现自身利益最大化而进行调整。互联网的普遍使用使得直复营销成为了最常见的营销方式，几乎现有的网络营销活动都充分利用信息双向交流的特点。

直复营销的关键因素是快速准确建立沟通渠道，用户的需求是随市场不断变化而变化的，能不能在用户有需求的时候开展营销活动，直接决定了营销效果。为了获得更好的时效性，营销方必须尽可能为用户提供全时在线的信息交流渠道，这样当用户有需求时就可以第一时间得到响应。另一方面，在掌握对象情况的基础上制定的营销策略也需要进行及时投放，让目标对象随时可以了解到产品信息。当用户接收到信息并进行反馈时，营销活动完成了一个周期，营销方继续开始收集用户需求。

此外，直复营销强调覆盖的广度。营销的目的是影响用户并从用户处收集信息，因此没有广度的营销效率很低。营销活动不可能一次到位，每次营销的效果都需要进行评估并在下次营销中进行改进。互联网为更好地开展直复营销提供了最佳的交流平台，网络的特点在于使用成本低、信息传递速度快、覆盖广。通过互联网企业实施直复营销通常可以收到较好的效果，一方面实施成本较低，可以依托平台服务提供商进行营销，既享受到了专业的服务，又节省了企业的人力成本。另一方面用户已经逐渐形成了通过网络接收信息的习惯，大量的信息如果不通过网络几乎不能被用户所掌握。

1.2.3 整合营销理论

整合营销传播理论由丹·舒尔茨教授于1993年首次提出，随后的二十几年时

间，整合营销传播理论在不断地更新发展。对于整合营销传播的概念，美国广告公司协会将其定义如下：这是一个营销传播计划概念，要求充分认识用来制订综合计划时所使用的各种带来附加值的传播手段，如普通广告、直接反应广告、销售促进和公共关系，并将之结合，提供具有良好清晰度、连贯性的信息，使传播影响力最大化。整合营销传播的定义不仅仅局限于此，在其不断发展的过程中，各种观点并不相同。整合营销传播本身也在变化以适应环境的变化。整合营销传播是一种协调形式，协调了各种不同的传播手段和媒体，使其达成具有一致性的强化效果。同时，整合营销不仅是单纯的强化和集中，它是对组织整体的资源进行全面的重新配置。显然整合营销是对传统营销传播的深化和提升，已经将营销和营销传播合为一体。在整个营销传播过程中，组织中的每一个部分都面临着营销传播的任务，从而拓展了整合营销传播的范围，也增加了整合营销传播的难度。整合营销不仅仅是一种理论体系，更是一种指导性的观念。

1.2.4 关系营销理论

关系营销是一种需要与顾客建立长期伙伴关系的战略，企业通过提供价值和使顾客满意而与顾客建立关系，即企业与客户形成相辅相成、相生相依的关系，并通过发展企业、员工、产品与客户的长久性交往关系来提高品牌忠诚度，形成品牌对顾客的绑定，最终提高产品的销量。传统营销的观念完全从理性角度考虑企业和顾客的交易，认为顾客和企业都在追求利益的最大化，因此目前表现为买方市场情况下，企业会成为积极的一方，顾客则处于被动状态；但是从关系营销的观念考虑，顾客和企业在双赢互利的基础上建立信任关系，所以企业在寻找买家的同时，顾客也在为满足某种需求而行动。

从上面的分析可以发现，关系营销主要呈现以下特征：①注重互动交流。在关系营销中，企业和客户的关系更加平等，双方可以通过多种渠道相互交流，企业能够主动帮助客户，迅速对顾客问题进行反馈，客户也可以提出意见促进企业的改革。②构建长期关系。顾客和企业不是进行短暂的一次性物质交易，而是一种长期的情感、信息交流，这种关系更加和谐、稳定。即使客户在某次交易中没有达到期望值，企业也能够通过沟通顺利解决。③重视信任的价值。这种长期稳定的关系是"预先取之，必先予之"，企业要获取客户的信任，必须投入情感，而顾客获得需求的满足也是建立在对企业的信任之上的。④创造和提升新价值。关系营销的一个重要特征是创造和提升了客户让渡的价值。从客户角度而言，客户让渡价值是指客户获得的总价值和客户花费的总成本之差。

1.2.5 软营销理论

软营销又被成为柔性营销，它是相对工业时代传统的"强势营销"而言的。传统营销主要是通过广告和人员推销这两种手段实现的，这两者手段都是比较具有强迫性的，在没有得到消费者许可之前，就将大量的广告强制性地灌输给消费者，这样可能引起消费者的反感。网络软营销正是在这种背景之下应运而生的。它与传统的营销不同，软营销比较注重消费者的心理需求，强调在自由平等的基础之上进行开放、交互式的交流，更加注重用户的体验以及个性化需求。这样的营销方式比较符合互联网用户对自己隐私保护的要求，所以发展很迅速。

网络营销理论中有两个比较重要的基本概念。第一个是网络社区，第二个则是网络礼仪。所谓的社区指的是单位或者个人因为一定的目的，按照一定的组织规则形成一定区域性的社会团体。目前比较主流的网络社区包括论坛、博客、个人空间、贴吧、群组讨论等。网络社区建立在共同话题的基础之上，网络社区的成员可以隐藏自己真实的身份，因此社区成员有一种安全感，甚至在社区有一种归属感，大家之间有一种身份意识。由于这些原因，在社区上可以谈论社区成员一些平时在现实生活难以直接谈论的问题，甚至是一些比较私密性的话题。营销人员也看到了这些特点，因而利用社区的这些特点以及社区人之间的紧密关系来宣传产品以实现盈利。但是社区营销不同于传统广告，社区营销更强调一种氛围，更强调在遵守社区礼仪的同时，获得一种好的营销成果。

1.3 新兴网络营销模式

1.3.1 SNS 网络营销

SNS（Social Network Service），即社会性网络服务或社会化网络服务，专指支持和帮助人们建立社会性网络的互联网应用服务。也有人认为 SNS 即社交网站或社交网。社会性网络（Social Networking）是指人与人的关系网络，基于社会网络关系的网站就是 SNS 网站（社会性网络网站）。SNS 也指 Social Network Software，社会性网络软件，是一个采用分布式技术，通俗地说是采用 P2P 技术，构建的下一代基于个人的网络基础软件。社会网络服务是建立人与人之间的社会网络或社会关系连接（如利益分享、活动、景象或现实生活中连接的一个平台）。社会网络服务包括每个用户（通常是一个配置文件）的社会联系和各种附加服务。多数社会网络服务是用户可在互联网上通过电子邮件和即时消息等手段进行互动的、基于网络的在线社区服务。从更为广泛的角度来说，社会性网络服务是以个人、以网上社区服务组为中心的服务，社交网站允许它的用户进行网上共享他们的想法、图片、文字、活动及事件等内容。

SNS 网络营销是指企业通过社交网站这个平台来实现营销价值的一种方式。AC 尼尔森公司（ACNielsen）调查显示，全球广告信任度中 91% 的在线网络消费者不同程度地信任熟人所推荐的产品。SNS 社交网站具备大规模的用户资源，用户之间有亲密的关系以及社交平台的开放性等均成为企业在此平台进行网络营销的有力条件。互联网更新换代快，用户资源可能会被新应用迅速占领，目前 SNS 社交网站的发展一直在调整和增加用户黏性，其用户规模和忠实用户的培养已具一定规模，企业在此时开展有效的营销活动，对于企业发展来说将是事半功倍的。

SNS 社交平台的常用营销方式包括了视频营销、兴趣营销和口碑营销，最终达到病毒性营销。①视频营销，越来越多的网愿意民花更多的时间在网络视频

上，而筛选有价值视频的渠道除了专门的视频网站推荐外，SNS 上好友的推荐、分享起到更为重要的作用。SNS 社交网站与视频网站处在不断的开放与融合中，视频中的网络广告成为企业营销的有效手段之一。②兴趣营销，不管是基于共同兴趣爱好的兴趣社交平台豆瓣网，还是线下好友转移到线上生活的人人网，他们都拥有群组功能，而群组的成立是以好友间共同的爱好为基础的，因此，在群组中兴趣营销的方式为企业带来更多忠实的客户。③口碑营销，网民将 SNS 作为发表意见的主要平台，对于企业广告或是某产品的快速简洁评论会形成强大的声音，同时加上意见领袖的引导，会"滚雪球"般地吸引众多的好友关注。

社交网站用户不仅数量大，而且人与人之间有着紧密的联系，这使得信息的传播有着迅速性和爆炸性的特点。SNS 营销的核心在于通过兴趣营销、视频营销、口碑营销等营销手段实现 SNS 的病毒性营销。这是一种信息传递战略，由信息发送者通过媒介传达所要发送的信息，接受者自发地将信息传递给下一个接受者，经过口碑传播，使信息尽可能多地被人了解，其传播的自发性和快速复制性类似于病毒繁殖，故称为病毒式营销。

1.3.2 微博营销

微博服务是作为好友间发送信息的工具而出现的。当前最著名的微博服务 Twitter 是由 Blogger 的创始人威廉姆斯（Evan Williams）在 2006 年推出的，是一个社交网络及微博客服务。注册用户可以经由即时通信工具、电子邮件、微博网站或客户端软件，以每次输入 140 字以内的文字进行更新。微博已经成为现今互联网中的热点社会化媒体，其不仅具有博客的信息传播特性，又同时具有创新的社交化网络特性。

随着国内外微博平台企业的高速发展，微博营销逐渐成为互联网营销中的营销利器，同时获得了微博平台企业及用户的极大重视。微博营销可以定义为企业利用微博传播企业相关产品信息，希望塑造高价值、构建良性口碑而采用的互联网营销推广方式。企业借助在微博上发表的企业介绍及产品、服务的相关信息建立企业良好的品牌形象，进而获得品牌的塑造并能够获得相应利润。

微博营销具有互联网营销特征的同时兼具微博产品的属性，其主要包含下述多个方面的特点：

1. 信息内容的发布方式立体化

微博营销通过发布文字、图片、视频等形式的内容对产品形成全方位、多角度的阐述，通过微博信息的扩散传递形成直接的传播，容易获取潜在用户。

2. 微博的瞬时传播扩散速度

微博内容的传播扩散可以在极短的时间内获得几何级数的高速化增长。用户在发布微博信息时，能够快速地利用电脑以及手机等终端设备发送。众多用户的评论及转发可以在极短的时间内传播至互联网，更多的微博用户通过微博信息可获悉微博营销所要传递的具体内容。

3. 微博的应用便捷性

微博编写以及信息发布速度较快。一条微博内容所涵盖的信息包含在 140 字以内，用户经过快速的考虑，就能够在较短的时间中传递信息。相比于博客等社交化媒体，其传递信息的速率显得更加便捷。同时，微博的传播优势均是传统的广告媒介难以逾越的，其发布的信息不用面临繁杂的审批流程，缩短了审核时间并降低了成本。

4. 信息传递扩散范围广

微博在发布的同时会受到大量粉丝关注，形成信息共享，粉丝仍可能会对微博内容进行二次传播，使微博信息表现出几何级数的倍数传递。正是由于粉丝的病毒式传播，意见领袖的微博才会呈现出核裂变式的信息传递。

随着微博服务的快速发展和广泛应用，不少主流微博服务商开始推出针对企业的服务，如新浪微博在 2012 年 12 月后，针对企业微博服务推出企业服务商平台，为企业在微博上进行营销推广提供了更好的帮助。据新浪微博统计数据，企业经营微博的首要目的是品牌建设，其次分别是媒体公关、客户关系管理、销售和招聘等。目前，众多企业已通过注册官方微博纷纷开通了各自的企业微博。当企业获得微博认证后，企业能够在网络上迅速地扩大其知名度，并提升企业形象和品牌，最终提高企业竞争力。当前，众多企业利用微博开展营销推广并取得了极大的成功。

小米是一家成立于2010年4月的专注智能手机的移动互联网公司。公司的主要产品有米聊、MIUI和小米手机。由于主要采用网络营销方式销售手机，因此小米公司特别重视微博平台的应用，建立了专门的团队从事微博营销，并开通了公司的官方微博（@小米公司）和产品微博（@小米手机、@米聊和@MIUI）。小米微博平台发布的内容包括：产品预订、产品售卖、有奖活动信息及互动性微博等。根据小米公司相关统计，超过70%的小米手机是通过互联网销售的，而在网上销售的产品中，有超过50%的产品销售是由微博和论坛等社会化渠道导流的客户完成。因此，小米手机的传播有着强大的口碑效应，小米的第一批使用者通常会将手机推荐给家人朋友，使之成为第二批使用者。在目前小米超 700 万的销量中，有42%的用户会进行 2~5 次的重复购买。从小米公司微博营销的成功可以看出，企业应积极主动地同客户互动，以赢得客户的信任，利用微博自媒体实现精准而低成本的传播，以达到营销的目的，并树立良好的企业形象。

1.3.3 微信营销

微信营销是移动互联网时代，基于微信的功能及其发展，在微信用户群落间凭借微信各种功能场景应用以及微信支付功能而衍生出来的一种新媒体营销方式，也是新型的网络营销。微信营销与传统营销相比较，无距离限制和要求，鉴于微信的注册和使用直接关联到某个具体而实际存在的个人，无论是通过手机注册还是QQ注册，因为使用条件的限制，微信的用户可以实现点对点链接，且用户真实有效，用户可以根据需要获取信息，商家可以通过分析用户信息和需求后对用户进行精确定位分类，并根据自己的目标以活动或者其他各种方式适时推广自己的品牌、文化、产品信息，并且以互动的方式、一对一的形式实现精准化营销的目的。

微信营销有以下特性：

1. 即时营销传播特性

即时性营销是指通过对即时通信工具的使用，在更加细分的市场或产品区域内，对特定的顾客群体进行营销信息的密集传播，以期达到高效的营销效果。首先，微信传播是一种亲近式传播，与传统的营销传播相比，微信传播能让用户产生亲近感，使用户更愿意接受企业的信息。以往企业是主动者，他们寻找消费者。当他们找到了消费者，就会不遗余力地将自己的产品和服务信息全部送到消费者面前，在这种广撒网式的营销传播模式中，消费者没有办法自主选择自己想要的信息，只是不停地被动接受。这让消费者越来越忽略这种传播信息，也让传统的传播变得没有价值。而微信这种"一对一"的信息传播方式，让消费者产生了一种专属感，他们会感到自己接受到的信息都是独家定制的，而且消费者更有自主权去选择自己想要的，这样消息的利用率会有很大的提高。消费者也更愿意去接受企业带来的产品，而不产生排斥感。

2. 传播者个体化

在微信中用户不再仅仅是消息的被动接受者，而是信息的推广者和转发者。作为社交媒体，每个用户都有自己的微信社交关系网。一个用户的转发可以让更多的用户看到企业信息，且呈几何级数发展，每个用户都变成了传播的自媒体。

3. 定位精准化

精准营销（Precision Marketing）就是在精准定位的基础上，依托现代信息技术手段建立个性化的顾客沟通服务体系，实现企业可度量的低成本扩张之路。传统媒体营销广撒网式的营销模式由于其高成本和低效率，已经难以适应现今的环境。互联网时代的到来，让新媒体营销快速地发展，微信平台的消息传播精准化和市场地位精准化是其成为企业实现精准营销的新武器。

微信营销主要有以下渠道：

1. 二维码

二维码是微信功能中重要的一部分，用户首先将二维码图案置于取景框内，然后通过扫描识别另一位用户的二维码身份使其成为好友。很多企业在二维码出现之初，就积极应用二维码搞促销。用户在通过二维码首次加企业为好友时，就可以得到相应的折扣。之后，企业也会通过微信向用户发送折扣消息，实现了线上营销带动线下营销。同时，一些拥有线上旗舰店的商家也会通过微信发布折扣消息，实现线上和线上之间的互动。

2. LBS—地理位置推送

2011年8月，微信添加了"查看附近的人"的陌生人交友功能，通过这个功能，用户可以查看到在地理位置相近的陌生人，并添加成为好友。企业也通过这个功能向周围的微信用户发送更多的营销信息。在微信中，用户的个性签名都能够被查看到。企业可以充分利用这一优势，将个性签名当做广告信息的传播模块，在其中可以填写企业名称、优惠信息、企业宣传信息等等。同时，商家也可以通过其他的微信用户宣传企业的营销信息。某些服务行业的商家，在开店之初，可以通过查看附近的人，向周围的微信用户发送有关的开业消息和优惠活动信息。

3. 开放平台+朋友圈

微信开放平台是微信4.0版本推出的新功能，应用开发者可通过微信开放接口接入第三方应用，还可以将应用的LOGO放入微信附件栏中，让微信用户方便选中喜欢的内容，通过朋友圈与自己的好友分享，由于微信中好友大多是"强关系"，朋友的推荐更值得信任。口碑营销使朋友圈的营销内容传播得更快。在开放平台中，人们不仅仅能够传播企业产品的消息，还可以分享歌曲、文章等。

4. 微信公共平台

微信公共平台和微信开发平台并不相同，微信公共平台是企业自身在微信中自行开发的，企业通过公共平台不仅可以像微博一样推送消息，也可以与用户互动，回答微信用户的问题。用户订阅企业微信公众平台，企业可以精准地投放信息，同时由于数据可搜集，微信公共平台数据可以为企业未来的营销运营提供数据支持。微信公共平台的推出，让微信营销更加细化。微信公共平台的建立，使得信息实现了相互传递，企业与用户之间的信息传播更加方便快捷。

星巴克从美国的一家普通的咖啡连锁店，发展成全球最大的咖啡连锁店，始终秉持着"售卖的不仅是咖啡，更是一种顾客体验和生活方式"的宗旨，注重提升顾客体验。星巴克微信营销，极大地拉近了星巴克与消费者之间的距离。2012年夏天，星巴克在中国市场推出"冰摇沁爽"系列饮品。夏季通常是星巴克的淡季，为了配合新品上市，星巴克在推出微信官方平台的同时，推出了被称之为"自然醒"的音乐系列。星巴克录制了多种不同的音乐，每种音乐都对应微信上的一种表情。使用者发送任意表情符号，星巴克会即时回复相应的音乐。此次微信营销，是星巴克第一次涉及微信平台。截至2012年10月29日，星巴克在该平台上共拥有27万个好友。据媒体报道，整个活动期间（8月28日至9月30日），星巴克微信好友人数达到12.8万人。微信好友与星巴克分享的情绪超过23.8万次。三周内，"冰摇沁爽"的销售额就达到750万元。星巴克的"自然醒"活动，实现了线上与线下的完美结合，品牌与用户之间有了更多的互动，可以说此次新营销活动是非常成功的。

1.3.4 搜索引擎营销

据统计，有98%的网民使用过搜索引擎，而在使用搜索引擎的网民中有44.5%是进行网络购物时使用，因此这是最常见的营销推广方式之一。搜索引擎是一个为网络用户提供检索服务的系统，它的主要任务是在Internet中主动搜索其他web站点中的信息并对其进行自动索引，其索引内容存储在可供查询的大型数据库中。当用户利用关键字查询时，该网站会告诉用户包含该关键字信息的所有网址，并提供通向该网站的链接。搜索引擎营销（Search Engine Marketing）是基于搜索引擎的营销方式，属于网络营销方式中的一种，它根据用户使用搜索引擎的方式，通过一整套的技术和策略系统，利用用户检索信息的机会将营销信息传递给目标用户。

搜索引擎营销不同与其他的网络营销模式，它的目标客户从普通的消费者转移到了企业,因为对于普通网民来说,他们已经习惯于免费使用搜索引擎,因此不可能像传统信息检索系统那样对每一次的搜索收费;而一般的企业如果想在复杂的网络环境中被自己的目标客户检索到,就只能依靠搜索引擎,因此针对企业,搜索引擎的营销模式主要有以下几种:

1. 出售搜索技术

出售搜索技术是传统的一种营销模式,也是大多数搜索引擎公司所一直采用的方式。这种模式向门户网站提供搜索技术,对于这些门户传过来的每次搜索要求,搜索引擎公司都会收取少量费用。

2. 搜索引擎优化

搜索引擎优化主要是通过了解各类搜索引擎如何实现网页的抓取、索引以及如何针对某一特定关键词确定搜索结果的排名规则,来对网页内容进行优化,使其符合用户的浏览习惯,并以快速、完整的方式将这些搜索结果呈现给用户,同时在不损害用户体验的情况下提高搜索引擎排名进而获得可能多的潜在用户。搜索引擎优化的着眼点并非只考虑搜索引擎的排名规则,更重要的是为用户获取信息和服务提供方便。同时,在建立搜索引擎的过程中还应与传统的营销理论相结合,分析目标客户群,研究不同消费阶层的心理,分析他们对关键词的界定,这样可以使企业在关键词的选择上更有效率。

3. 关键词广告

关键词广告是在搜索结果页面显示广告内容,实现高级定位投放,用户可以根据需要更换关键词,相当于在不同页面轮换投放广告。目前关键词广告销售模式主要有固定排名和竞价排名两种形式。固定排名是指企业与搜索引擎供应商以一定价格将企业网站放置在固定位置的一种方式。这些具体的位置由各个企业通过竞价购买来决定,并且在合同期内会一直保持不变,付费越高者在检索结果中排名越靠前。固定排名合同是根据事先定义好的几个关键词来签订的,但这种操作方式的收费高,吸引的是一些大客户,但它的效果明显,付费的客户在搜索的结果中排在前十位,极大增加了营销的概率。竞价排名是搜索引擎关键词广告的一种形式,按照付费最高者排名靠前的原则,对购买了同一关键词的网站进行排名的一种方式。传统竞价排名是指同类企业按出价高低决定排名顺序。但是随着引擎技术的发展,出现了混合竞价排名的方法,即除了价格以外还要看网站点击率的高低,以点击次数为收费依据,也就是按效果付费。这样有效避免了企业打高价格战的恶性循环。

搜索引擎营销有如下优点:

1. 成本低廉且宣传广泛

搜索引擎营销的功能就是让目标客户主动来找企业,服务商则按照客户的访问量收费,这比其他广告形式性价比高。许多企业正是基于搜索引擎营销成本低廉、效果显著、操作灵活和易于管理考评的特点,将其作为企业网络推广的主要手段。对于中小企业来说,其很难与大企业在传统推广方式上争展区、争位置,而搜索引擎营销却能使企业利用网站向客户全面展示公司的产品、特点,给予中小企业公平竞争的机会。

2. 便于企业开展网上市场调研

搜索引擎是非常有价值的市场调研工具，通过搜索引擎输入有效关键词，查看搜索结果，便可以方便地了解竞争者的市场动向、产品信息、用户反馈、市场网络、经营状况等公开信息，从而增强自身的竞争力。同时，利用搜索引擎还可以了解市场营销的大环境，包括政府有关方针政策、有关法令的情况；经济环境，即消费者收入、消费水平、物价水平社会资源等。再者，搜索引擎是企业直接接触潜在购买者的最好方式之一，企业可以全方位地了解消费者的需求。

3. 有利于企业产品的推广

搜索引擎不仅仅可以给公司的网站带来流量，最重要的是，搜索引擎所带来的流量都是客户通过关键词的搜索得到的，都是针对性非常强的流量，这些搜索者一般来说就是企业广告宣传的重点对象。搜索引擎尽力把最贴近需求的信息传达给搜索者，同时在恰当的时候、恰当的位置，搜索者还能发现更多的选择。销售和购买之间的桥梁关系过渡得非常自然，消费者和采购商有更多的主动权，只看相关的信息内容，而供应商和零售商也能只把销售的信息告诉有相关需求的人，达到精准营销的目的。

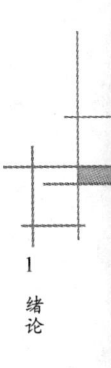

2 SEO 理论概述

2.1 SEO 概述

2.1.1 SEO 的定义

1. 定义

SEO 是 Search Engine Optimization 的缩写，其中文意思为搜索引擎优化。SEO 是指在了解搜索引擎自然排名机制的基础上，通过对网站内部调整优化及站外优化，使网站满足搜索引擎收录排名需求，在搜索引擎中提高关键词排名，从而把精准用户带到网站，获得免费流量，产生直接销售或品牌推广。[①]

2. 优化内容

（1）内部优化

内部优化主要包括对标签的优化，如标题、关键词及创意的优化，其次是内部链接的优化，如锚文本链接、导航链接、图片链接及其他相关性链接。

（2）外部优化

外部优化主要包含贴吧、微信、空间、博客、论坛、社区等，通过媒体添加一定数量的外部链接，提高关键词的排名。

（3）链接优化

链接优化主要是包含对网站结构的优化、链接结构、网页抓取、关键词选择。

在接下来的相关章节我们会对这些内容做详细的介绍。

2.1.2 SEO 的作用与网站

互联网用户在上网的过程中都会使用 Google、百度等搜索引擎进行相关内容的搜索，如我们利用百度搜索"面膜"，如图 2-1 所示，即可立即显示相关内容。

---

① http://baike.baidu.com/link?url=lzP1MT-CMBLTHWvDu-IpOMl9BN3mOsVIzVaHJW9jdhB3sBENL

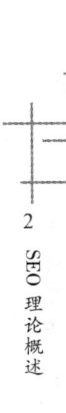

图 2-1 "面膜"的百度搜索结果

在搜索结果中我们看到"淘宝网"的信息排在第一位,有的信息排在第三位。在搜索结果中,越靠前的网站越容易被用户看到,点击量就越高,而 SEO 的作用就是通过优化提高网站的搜索排名,使网站更能容易被用户所点击浏览。

对于中文网站,百度搜索引擎是当前国内用的最广的搜索方式。而谷歌主要是英文网站中 SEO 的作用对象。不论是百度还是雅虎、Google 等搜索引擎,其搜索机制虽然不同,但是基本原理大致上是相同的。例如在 Google 搜索引擎中排名靠前的关键词或者网站,在百度中的排名可能靠后,这些差别是很正常的。如果把网站的 SEO 做得非常好,其在不同搜索机制的搜索引擎中的排名是较为相同的。对于国内市场,百度搜索引擎是大部分互联网用户的首要选择,所以针对于百度搜索引擎,只有做好网站 SEO,才能提高网站排名,增加访问量。

2.1.3 搜索推广的竞价与推广

不同搜索引擎的机制和原理大体相似,本文主要以百度搜索引擎为主,进行相关内容的介绍，在介绍之前，我们首先需要了解一下竞价、推广及自然排名。

推广是指通过购买，在搜索引擎上获得相关广告位。如我们利用百度搜索引擎搜索"面膜"，图2-2即为相关搜索结果的展示，在搜索结果中，排名靠前的网站的背景颜色与其他的网站不同，其总体的右上方显示的是"推广链接"。

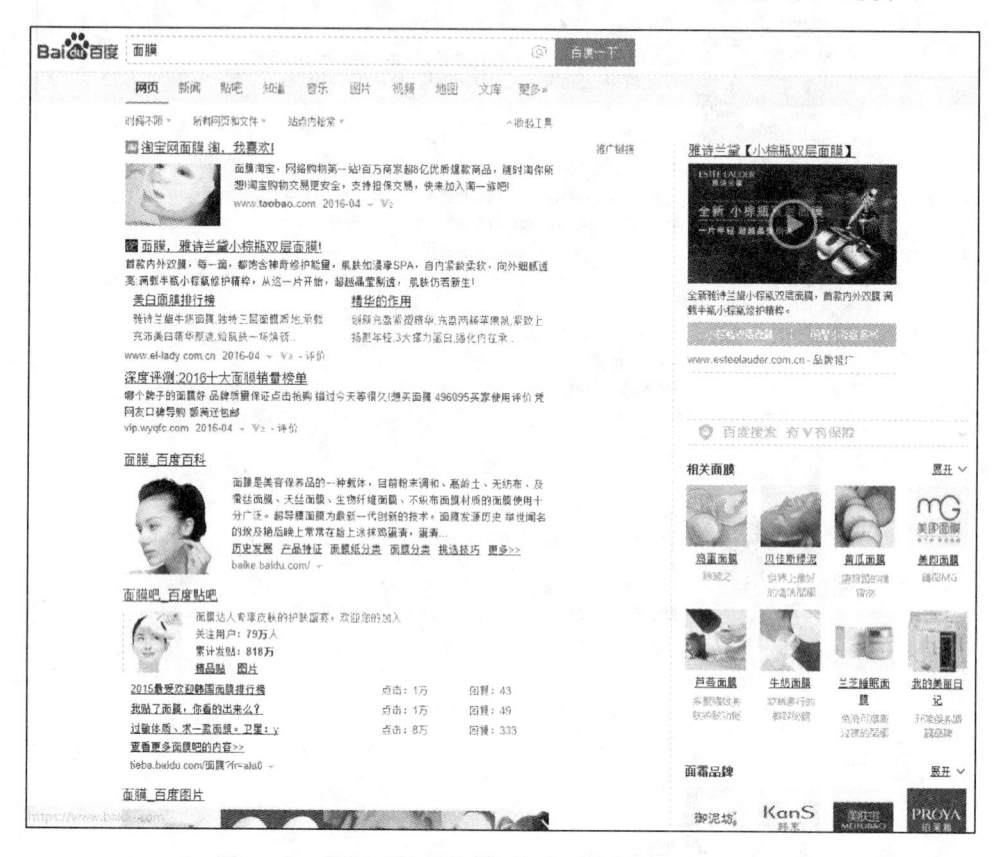

图2-2　"面膜"的百度搜索结果

在搜索结果中，显示"推广链接"的那部分表示网站在百度搜索引擎中购买了广告位，网站通过向百度缴纳一定的费用，不需要使用任何SEO，通过广告费用的多少决定其在搜索网站中的排名，即网站给的广告费越多，其排名越靠前。此外，在搜索右侧显示的"品牌推广"也是广告位，而竞价是"推广"在谷歌中的另一种显示方法，两者意义相同。

在此处我们所讲的SEO针对的排名，主要是指在搜索引擎中的自然排名，由于推广链接存在，网站通过做SEO只可能取得除"推广"网站之外的第一的位置，不可能将排名做到推广或者竞价网站的前面，做推广或竞价的网站排名总是在做SEO的网站前面。在介绍SEO优点之前，我们需要了解以下相关概念。

2.1.4　SEO的特点

在介绍做SEO的特点之前，我们先介绍一下做"推广"的利弊。我们通过两者的比较，使读者对做SEO的优势有一定的了解。

1. 推广的优势与劣势

由于推广是百度搜索引擎的一个广告位，我们首先了解一下百度搜索推广的竞价和扣费方式。对于所搜推广的关键词，用户每点击一下搜索推广中的推广网站（百度搜索推广对于恶意访问具备防范措施），就会扣除一定的广告费，广告费的多少绝大部分取决于商家的竞价，对于一些热门的关键词，其一次的点击费用可能高达上百元。所以如果网站的转化做得不好，会导致大量的点击量，但是商品的购买量却很少。这样一来，公司虽然支付了大量的广告费用，但是并未产生盈利，同时由于竞价的原因，其广告费可能会非常高，对企业是一种较大的负担。

由于做网站 SEO 需要一个学习过程，这其中存在很多技巧，而且将网站排名做好也需要一定时间，根据关键词热度和难度，可能需要几个月甚至更长的时间。但是做网站推广的话，只需要购买广告位，就可以使得网站的排名靠前，速度比较快。

2. SEO 的优势与劣势

通过上面的介绍我们可以知道，相对于推广，SEO 的速度较为缓慢，如果要把一个网站做好，需要花费时间、精力去不停地修改，实现过程相对漫长，不可能短时间内完成。这是 SEO 的劣势。但是，由于推广的竞争较为激烈，一些网站的推广费用一年可能高达几十万元，对于草根站长，通过百度推广的方式费用较高，风险较大，但是 SEO 的方式就不会存在这些问题，所以 SEO 相较于百度推广又具有不可比拟的优势。

2.2　SEO 的基本概念与术语

2.2.1　网站、网站的域名和空间

1. 什么是网站

本书对于建立网站这一类的知识不会大量涉及，学习 SEO 的同学只需要了解其基本概念即可。SEO 是一门实践性很强的课程，需要学习者在学习过程中不断练习，不断实践从而积累经验。所以不会建立网站的同学，希望在学习本门课程的同时，学习一下网站的建立。

2. 网站的域名

在搜索引擎中搜索百度，如图 2-3 所示，在最上方地址栏显示的"https：//www.baidu.com/"中，"baidu.com"即为这个网站的域名。

图 2-3　百度域名

3. 网站空间

简单讲，网站空间就是指存放网站内容的空间。网站空间也称为虚拟主机空间，通常企业做网站都不会自己架服务器，而是选择以虚拟主机空间作为放置网站内容的网站空间。网站空间只能存放网站文件和资料，包括文字、文档、数据库、网站的页面、图片等文件的容量。

2.2.2　超链接、内链接和外链接

1. 超链接

超链接的作用是使用户从别的网站进入自己的网站。由于网站的地址很多，用户在访问的时候通过手动输入网站会浪费大量的时间，只能浏览到少量的网站，例如我们在百度中搜索到的"超链接"的百度百科的介绍，如图 2-4 所示，其中的"网页"就是一个超链接。

点击"网页"，如图 2-5 所示，我们就会进入"网页"的百度百科介绍，这就是一种超链接。

2. 内链接

内链接是超链接的一种，在一个网站中，除了主页显示的内容外，还有很多的内层网页，网站中超链接指向该网站的其他页面，那么我们就称此链接为内链接。如在"天猫"的首页中，如图 2-6 所示，我们点击"天猫超市"，进入如图 2-7 所示的页面，这个天猫超市页面即为"天猫"网的内页，这个链接即为内链接。

图 2-4 "超链接"的百度百科解释

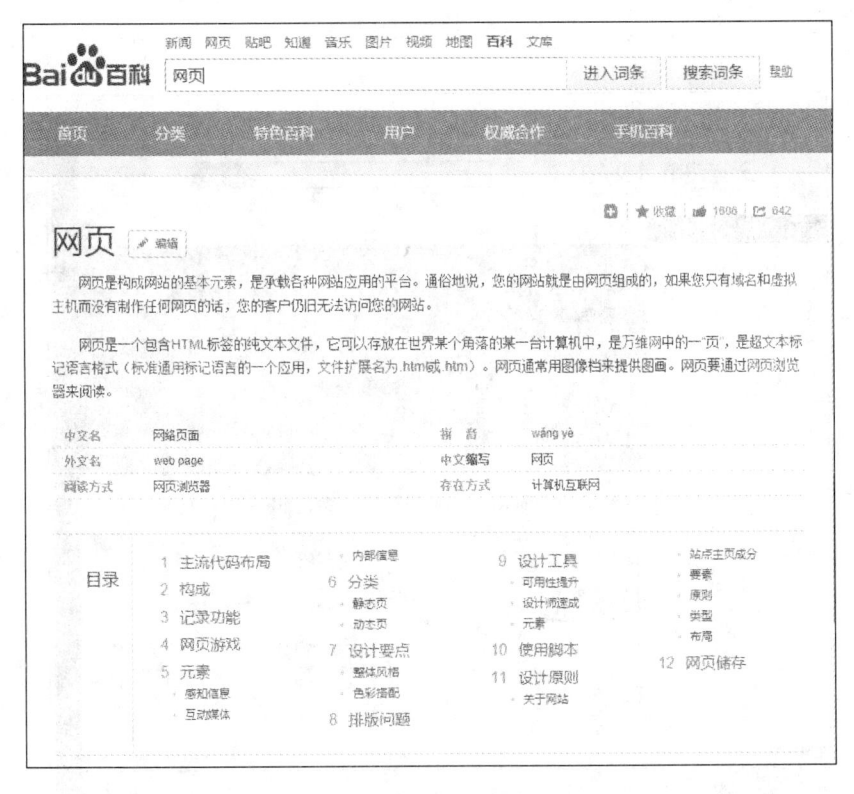

图 2-5 "网页"的百度百科解释

图 2-6 天猫网站首页

图 2-7 天猫超市网页

3. 外链接

外链接的作用同内链接相反，内链接是本网站的一个页面指向本网站的其他页面，而外链接是从自己的网站指向其他网站。如在"www.hao123.com"中，如图2-8所示，点击"凤凰网"，如图2-9所示，我们就进入了"凤凰网"的界面，这就是一个外链接。

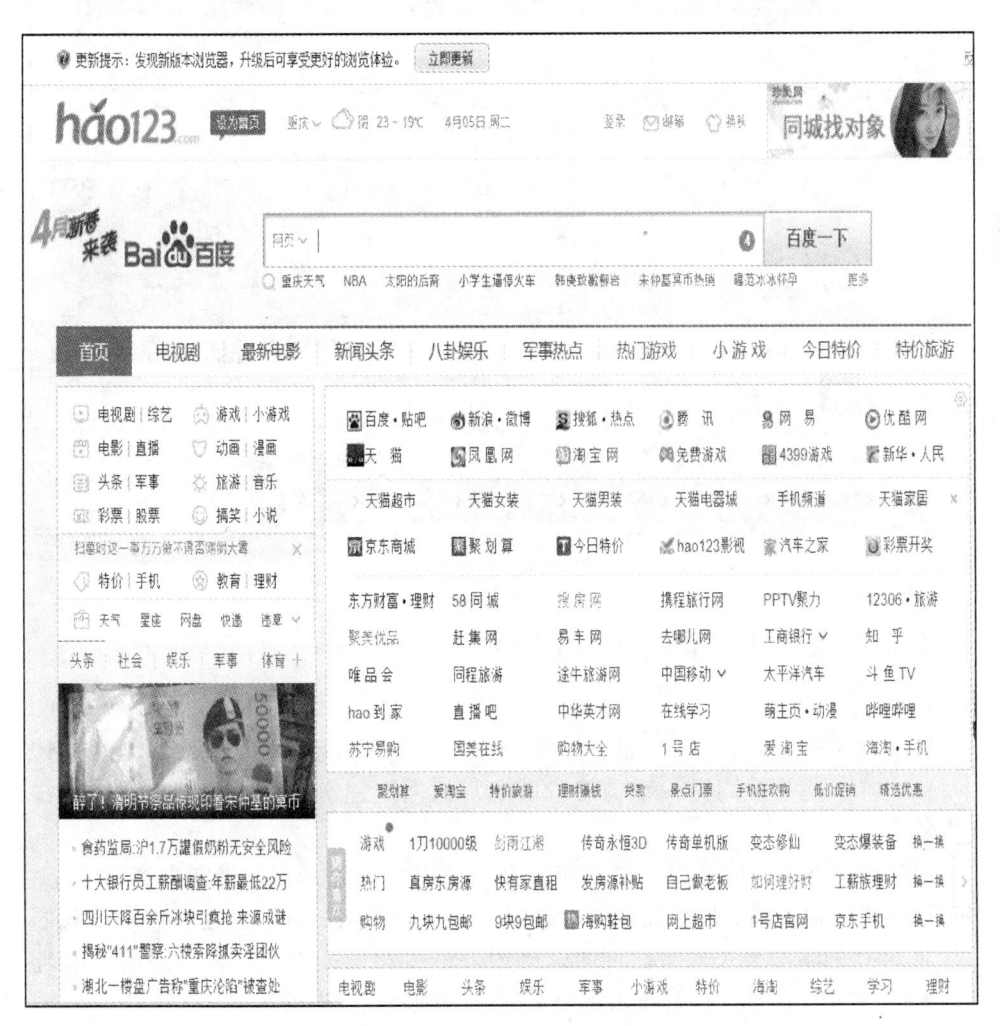

图 2-8　www.hao123.com 网页

图 2-9 凤凰网界面

2.2.3 锚文本、导入与导出链接

1. 锚文本

锚文本又称锚文本链接，是链接的一种形式，它和超链接类似。超链接的代码是锚文本，把关键词做一个链接，指向别的网页，这种形式的链接就叫做锚文本。

通过锚文本，我们可以知道指向的页面所讲的内容，它是指向内容的主题。锚链接使得搜索引擎更加明确地指向页面主题，利于网站排名，这一点对于我们后续对 SEO 的学习至关重要。同时，同内外链接相似，锚文本也分为内锚和外锚，大部分的网站 SEO 提升排名主要是围绕内链外锚开展的。

2. 导入与导出链接

对于我们自己的网站，如果存在一个链接是指向了其他人的网站，这个链接即为导出链接。在自己网站的首页或内页，若只能通过该链接访问其他网站的首页和内页，这个链接就成为导出链接。与之相反，其他网站的一个链接指向我们的网站，那么对于我们来说这个网站就是导入链接。

2.3 关键词及创意

2.3.1 关键词的定义及其分类

1. 关键词

在上一章节，我们介绍了与 SEO 相关的专业术语和基本概念，这一章节我们主要简单介绍做 SEO 一个很重要的部分——关键词。做网站 SEO 的本质就是做关键词的排名。例如我们在百度中搜索"关键词"，网页上会呈现出很多的搜索结果，如图 2-10 所示，"关键词"这三个字在每一条搜索结果中都会标红，我们搜索的词就是关键词。

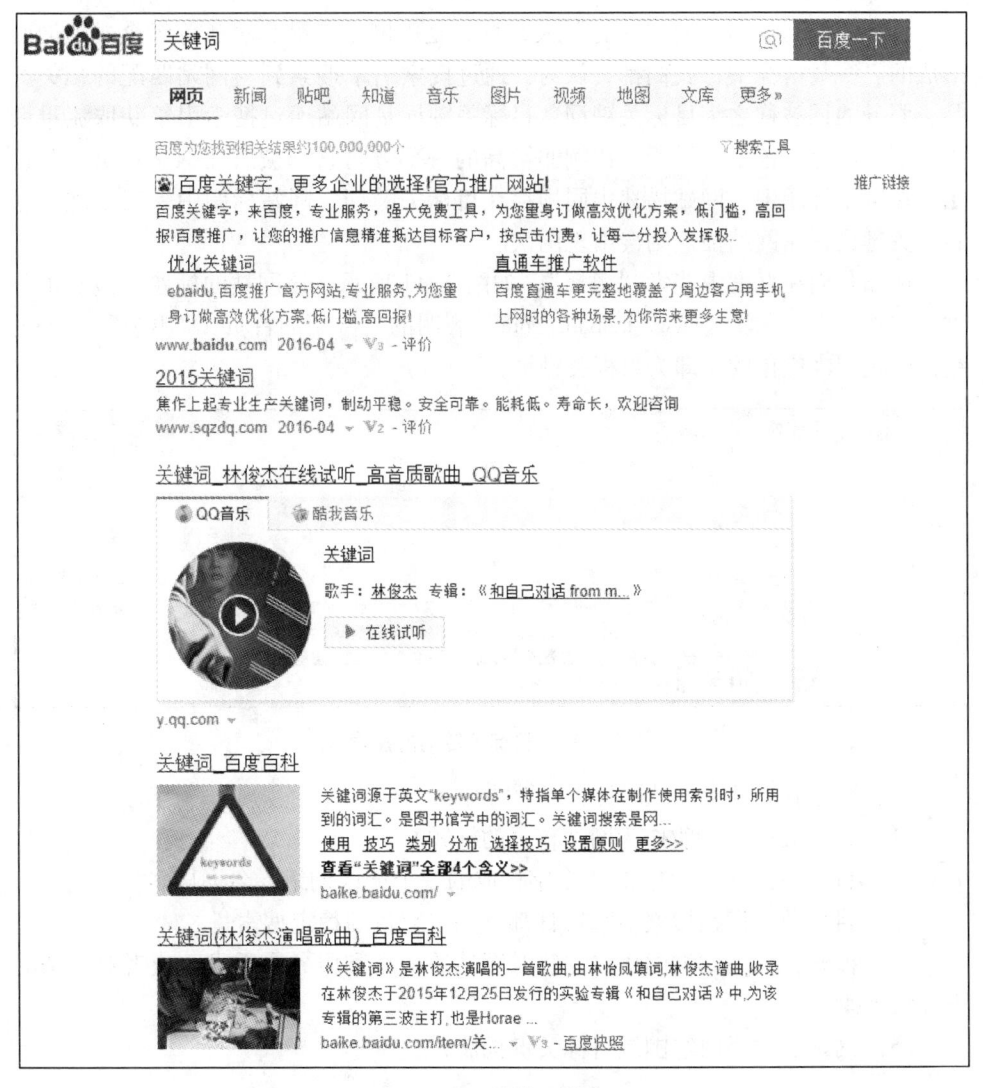

图 2-10 关键词搜索

但是，我们并不能简单地认为关键词就是短语，关键词也可以是稍长的语句。一个网站的关键词对于网站来说至关重要，如果关键词设置不到位，将 SEO 做得再好，对于网站来说也没有任何意义。

2. 关键词分类

关键词分类方法有很多种：从页面划分，关键词可以分为首页关键词、栏目关键词和内容关键词；从概念划分，其可分为目标关键词、长尾关键词和相关关键词；从目的划分，其可分为直接性关键词和营销性关键词。对于同一个关键词，从不同的角度看，其可能属于不同的关键词，一个关键词可以有多个不同的分类。

2.3.2 各种关键词的特点及作用介绍

1. 目标关键词

目标关键词是网站的"主打"关键词，是由网站产品、服务等组合成单词而形成的。一般情况下，我们都会认为：通过搜索引擎搜索到与网站匹配的相关产品、服务的词被称之为目标关键词。目标关键词是网站通过搜索引擎获取流量最重要的一部分，也是流量所占比例非常高的一部分。它都被放在网站首页，并且出现在网站标题中，网站描述中同样存在目标关键词。网站标题中一般出现一遍目标关键词，而网站描述则会出现两次。

例如我们在百度中搜索"墨镜"，如图 2-11 所示，该网站的标题中包含了关键词"墨镜"，下面"www.taobao.com"表明的是网站的首页，"墨镜"这个关键词就是用来优化的，即为目标关键词。

图 2-11 目标关键词的搜索

一般情况下，目标关键词具有以下特征：

（1）目标关键词一般作为网站首页的标题。

（2）目标关键词一般是 2~4 个字构成的一个词或词组，名词居多。

（3）目标关键词在搜索引擎每日都有一定数目的稳定搜索量。

（4）搜索目标关键词的用户往往对网站的产品和服务有需求，或者对网站的内容感兴趣。

（5）网站的主要内容围绕目标关键词展开。

2. 长尾关键词

长尾关键词是指网站上非目标关键词但也可以带来搜索流量的关键词。[①] 对于一个关键词是目标关键词还是长尾关键词，我们通常可以这样辨别：看关键词的位置，如果该关键词放在网站首页，那么其即为目标关键词；如果其放在文章内容页，即为长尾关键词。例如我们在百度中搜索"墨镜"，如图 2-11 所示，关键词出现在标题中的即为目标关键词；如图 2-12 所示，网站下面的网站是内页，说明该关键词出现在该网站的一个页面中，我们称该关键词为长尾关键词。由此我们看到目标关键词和长尾关键词是相对的。

图 2-12　长尾关键词的搜索

长尾关键词具有的特征：

（1）比较长，往往由 2~3 个词组成，甚至是短语。
（2）存在于内容页面，目录页面，还存在于文章页面中。
（3）搜索量非常少，竞争力小，转化率也不差。
（4）转化为网站产品客户的概率比目标关键词低，但可以作为辅助词。
（5）存在大量长尾关键词网站，其带来总流量非常大，有可延伸性，针对性强，范围广的优势。

对于大中型的网站来说，由于其页面较多，内容较广，所以通过长尾关键词带来的网站流量实际上是远远高于目标关键词的。同时，做长尾关键词需要积累，当积累达到一定程度的时候就会带来巨大的成效。

3. 相关关键词

上面的介绍让我们对于目标关键词和长尾关键词有了一定了解，而相关关键词就是指跟目标关键词存在着一定相关关系，能够延伸或者细化它的定义，或者是当用户搜索某个关键词时搜索引擎对其进行相关推荐的关键词。例如，如果有人搜索"周天好无聊怎么办"，进入某个网站的内页，虽然这个用户对于周末旅游可能有兴趣，但是只是该网站的潜在用户。这个搜索词就是长尾关键词，但不一定是相关关键词。此外，如果有用户搜索运动类的词，对旅游可能没兴趣，不一定需要周边游之类的活动，但是其可能对于周末旅游比较感兴趣，因为喜欢运

---

① http://baike.baidu.com/link?url=0n6CGuKsHrCBQ4fThpvcQfgpM5147N8WGbYHrbt6z8mRFyvEf7OtDJobQBFBPbXbzWpGhZRdeAYpi11ooZcXrq。

动的人可能也喜欢出去旅游，所以运动类一类的词语目标关键词与长尾关键词相关，被称为相关关键词，这也是相关关键词同长尾关键词的主要区别。

在网站的一些产品信息中或内容中，适当地出现一些相关关键词或长尾关键词，能够使搜索引擎更加精确地定位，得到很好的网站排名。如果目标关键词是"健身器材"，写一篇文章是关于健身的，里面提到一些健身器材之类的词，这样使得搜索引擎更容易判断出文章内容，确定其不是虚假信息。所以相关关键词就是作用于长尾关键词或者目标关键词的让网站排名更加容易靠前。

4. 栏目和首页关键词

首页关键词是放在网站首页的关键词，而目标关键词就是放在首页来做的，所以我们可以认为首页关键词和目标关键词是等同的。而栏目关键词是放在网站内页的关键词，和长尾关键词是等同的。

2.3.3 关键词的寻找

这里我们对关键词添加出价等方面的设置只是做一个简单的介绍，使读者对百度 SEO 关键词放的内容有一个整体把握。具体的实际操作我们在后面会有专门的章节详细介绍。

关键词是用户提交的来吸引客户的词，只要互联网用户在网络上搜索了跟用户提交的关键词相关的词，其推广信息就会被用户看到。例如，我们提交了"暴龙眼镜"这一词作为关键词，当用户搜索"暴龙眼镜"等相关词的时候，就会看到推广信息。下面，我们将介绍几种常用的选择关键词的技巧：

1. 咨询词

咨询词是指用来咨询业务或者产品相关信息的词汇、短句，贴近网民常用口语。在选择咨询词的时候，要考虑一下潜在客户的需求，客户会因此选择搜索哪些关键词以及客户的直接需求、潜在需求和相关需求。

例如：暴龙眼镜官方网站

直接需求词：男士太阳眼镜，光学镜架、光学镜

潜在需求咨询词：眼镜框型，什么样的镜框比较好看

2. 产品词

产品词是指企业提供的产品名称或者别称。选择产品词的时候要考虑推广的产品是什么，包括产品的名称和型号。

例如：暴龙眼镜官方网站

产品词：BL6007、BL7002、BL6010、BL2560

3. 行业词

行业词是指可以表现出产品或者行业特殊性的词汇，在选择行业词的时候要考虑行业内通用的词及其他企业的产品或者企业名称。

例如：暴龙眼镜联合迪奥的品牌来做竞价

行业词：太阳眼镜、光学眼镜、迪奥太阳镜

4. 品牌词

品牌词是指独一无二的体现品牌名称的词。选择品牌词的时候要考虑推广的

品牌，包括品牌名称及公司名称。

例如：暴龙眼镜官方网站

品牌词：暴龙

2.3.4 关键词匹配方式选择与出价

互联网用户在进行搜索的时候，搜索引擎会自动挑选相应的关键词，将推广结果进行展现。网站可以通过设置不同的匹配模式，来决定网民搜索词与关键词之间的关系。

百度具备三种不同的匹配模式，接下来我们简单介绍一下各种匹配模式可能对应的搜索结果。

1. 精确匹配

精确匹配，意思就是当目标人群搜索词语与关键词完全一致时，系统才能展现推广结果。相较广泛匹配和短语匹配而言，精准匹配的关键词展现几率较低，相对的消费同样较低。如果在资金缺乏或者关键词竞争度不大的情况之下，我们可以考虑这种匹配方式。

2. 短语匹配

（1）精确包含

匹配条件是网民的搜索词完全包含关键词时，系统才有可能自动展示推广结果。例如：短语精确包含时，推广关键词"英语培训"与搜索词"英语培训""英语培训暑期班""哪个英语培训机构好"等类型匹配；与搜索词"英语的培训""英语相关培训""培训英语"和"电脑培训"等类型不匹配。

（2）同义包含

匹配条件是当网民的搜索词完全包含关键词或关键词的变形形态（插入、颠倒和同义）时，系统才有可能自动展示您的推广结果。例如：短语同义包含时，推广关键词"英语培训"与搜索词"英语培训""英语培训暑期班""英语相关培训""培训英语""英语辅导"等类型匹配；与搜索词"电脑培训""英语ABC"和"德语培训"等类型不匹配。

（3）核心包含

匹配条件是当网民搜索词包含关键词、关键词的变形（插入、颠倒和同义）或关键词的核心部分、关键词核心部分的变形（插入、颠倒和变形）时，系统才有可能自动展示您的推广结果。例如：短语核心包含时，推广关键词"福特福克斯改造"与搜索词"福特福克斯改造""北京福特福克斯改造""福特白色福克斯改造""改造福特福克斯""福特福克斯改装"；"白色经典福克斯改造""福克斯改造"等类型匹配的。后两种类型就是运用关键词的核心部分（福克斯改造）和核心部分的变形进行匹配。与搜索词"奥迪A6改造""福特福克斯洗车"等类型不匹配。

3. 广泛匹配

使用广泛匹配时，当网民搜索词与关键词高度相关时，即使并未提交这些词，推广结果也可能获得展现机会。以关键词"英语培训"为例，在广泛匹配方式下有：

（1）可能触发推广结果的搜索词

①同义近义词：英语培训、英文培训。

②相关词：外语培训、英语暑期培训。

③变体形式（如加空格、语序颠倒、错别字等）：英语培训、暑期培训英语。

④完全包含关键词的短语（语序不能颠倒）：英语培训暑期班、哪个英语培训机构好。

（2）不能触发推广结果的关键词

不能触发推广结果的关键词：英语歌曲、电脑培训。

广泛匹配可以帮您定位更多潜在客户，提升品牌知名度，节省您的时间。基于这些优势，广泛匹配是应用最多的匹配方式，也是系统自动为您选择的匹配方式。

上面我们介绍了关键词的上匹配模式，那么如何选择关键词的匹配模式呢？在实际操作中，我们建议按照"由大到小"的策略选择匹配模式，对于新提交的关键词要尽量设为广泛匹配，并保持三周左右的时间，以此观察效果。

在观察的时候要注意可以通过搜索词报告来查看关键词匹配到了哪些搜索词。如果发现不相关的关键词，并且发现不能带来转化，我们可以通过添加否定关键词进行优化。同时，如果搜索词报告的结果还不理想，可以考虑使用更加具体的关键词或尝试使用短语匹配或者精确匹配。

对于实际运用关键模式设置和出价设置的具体操作步骤，我们会在后边的章节以百度网络营销实验室为例进行详细介绍。

2.3.5 关键词质量度与否定关键词

质量度是在运用百度搜索推广过程中对关键词的一个重要考量指标，在百度搜索推广中以五星十分的方式来呈现。质量越高，推广的质量越优秀，潜在客户的认可度就越高。

前面介绍了关键词的匹配方式，实际使用广泛匹配和短语匹配时，如果发现搜索关键词时看到了不相关的搜索词，同时借助百度统计这些词并不能带来转化，可以利用添加否定关键词，使得包含这些词的搜索词不触发用户的推广结果。此外，添加精确否定关键词，可以更大程度上缩小范围，让与这些词完全一致的搜索词不触发用户的推广结果。

例如，为关键词"英语培训"设置广泛匹配，在查看搜索词报告时，会发现搜索"英语培训主管"的网民也点击了推广结果。通过百度统计，进一步发现这些网民并没有真正打开网页或在网站上停留的时间极短。这时，可以在推广计划和推广单元中将"主管"添加为否定关键词。这样，网民在搜索"招聘英语培训主管”等包含“主管”的搜索词时，将不会看到推广结果。

如果只是针对某些搜索词进行精准的限制，就可以将其设为精确否定关键词，仅让与这些词完全一致的搜索词不触发推广结果。仍以“英语培训”为例，搜索“培训”也有可能展现推广结果，此时可以将“培训”设为精确否定关键词，这样搜索“培训”的网民就看不到推广结果了，而搜“英语培训”的人仍可以看到。

否定关键词、精确否定关键词与搜索词报告、广泛匹配组合使用，可以使得网站在通过获得更多潜在客户访问的同时，过滤不必要的展现点击，降低转化成本，提高投资回报率。但提醒您注意，过度使用或不当使用否定关键词、精确否定关键词也可能错失潜在商机，影响推广效果。

以“雅思口语”为例，进行质量度的考量见图 2-13。

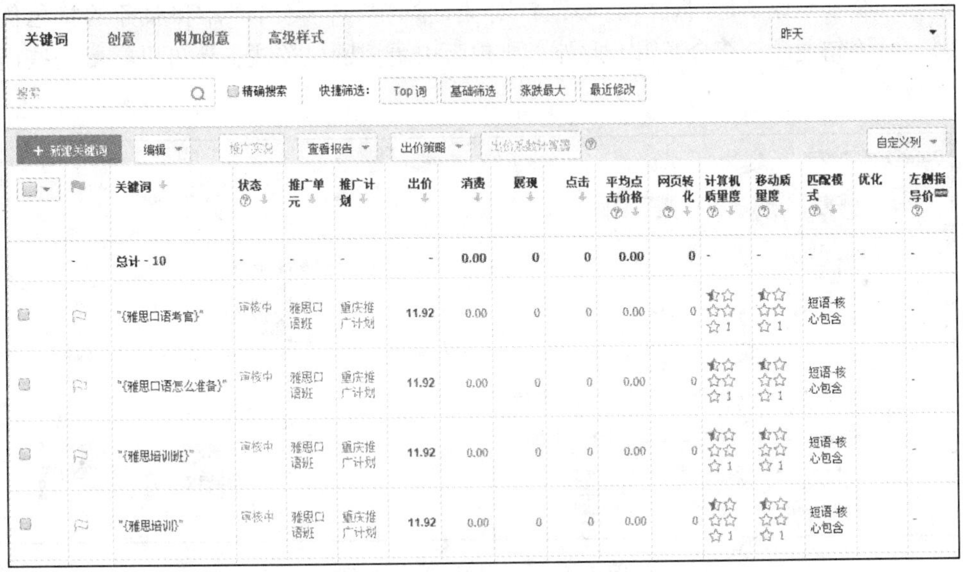

		关键词	状态	推广单元	推广计划	出价	消费	展现	点击	平均点击价格	网页转化	计算机质量度	移动质量度	匹配模式	优化	左侧指导价
	-	总计 - 10	-	-	-	-	0.00	0	0	0.00	0	-	-	-	-	-
		"{雅思口语考官}"	审核中	雅思口语班	重庆推广计划	11.92	0.00	0	0	0.00	0	1	1	短语-核心包含		-
		"{雅思口语怎么准备}"	审核中	雅思口语班	重庆推广计划	11.92	0.00	0	0	0.00	0	1	1	短语-核心包含		-
		"{雅思培训班}"	审核中	雅思口语班	重庆推广计划	11.92	0.00	0	0	0.00	0	1	1	短语-核心包含		-
		"{雅思培训}"	审核中	雅思口语班	重庆推广计划	11.92	0.00	0	0	0.00	0	1	1	短语-核心包含		-

图 2-13 关键词质量度

2.3.6 创意的撰写与展现

1. 什么是创意

创意是指网民搜索触发推广结果时，展现在网民面前的推广内容，包括一行标题、两行描述，以及访问 URL 和显示 URL。如图 2-14 所示。

关键词可以定位潜在客户，创意的作用则是吸引潜在客户。出色的创意可以使得推广结果在众多结果中脱颖而出，吸引潜在客户访问网站，并在浏览网站的基础上进一步了解提供的产品和服务，进而采取转化行为，如注册、在线提交订单、电话咨询、上门访问等。创意质量将在很大程度上影响关键词的点击率，并通过质量度进一步影响推广费用和推广效果。

为保证网民的搜索体验，并最终保证推广效果，创意内容应符合一定的规范。一个基本原则是创意内容必须针对关键词撰写，突出产品和服务的特色优势，且语句通顺、符合逻辑。此外，要想吸引更多网民关注，还可以学习一些高级技巧。

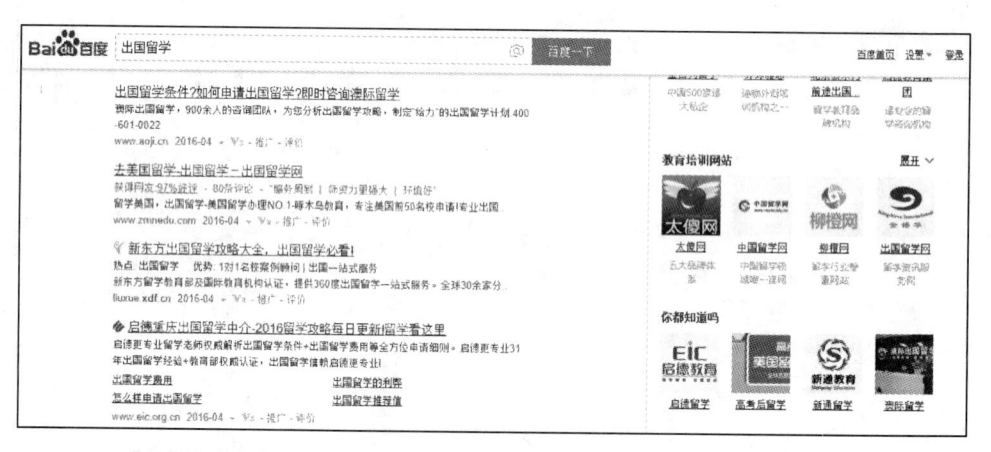

图 2-14 "出国留学"创意

2. 创意的展现方式

百度搜索推广提供了两种不同的创意展现方式：优选和轮替。我们可以在推广计划中的"修改设置"中进行选择。轮替展现方式意味着每条创意的展现概率是相同的，而优选展现方式意味着系统将选择表现更优、网民更认可的创意予以更多的展现，自动优化推广效果。

3. 通配符的使用

通配符可以帮助在创意中插入关键词。通过通配符获得飘红来吸引网民关注，可以带来更高的点击率。此外，使用通配符也有助于增强网民搜索词、关键词和创意之间的相关性。这些都意味着质量度的提升，进而也意味着推广费用的降低和投资回报率的提高。基于以上两点，我们建议大家重视通配符的使用。

2.4　SEO 相关操作技巧

2.4.1　宣传链轮

SEO 链轮是从国外引入的一种较为新颖的 SEO 策略，是一种比较先进的网络营销方式。在此，我们对于这一策略做一个简单的介绍，以便大家对这种策略有一个总体的了解。SEO 链轮是指通过在互联网上建立大量的独立站点，这些独立站点通过单向的、有策略的、有计划的、紧密的链接，并都指向要优化的目标网站，以达到提升目标网站在搜索引擎结果中的排名。

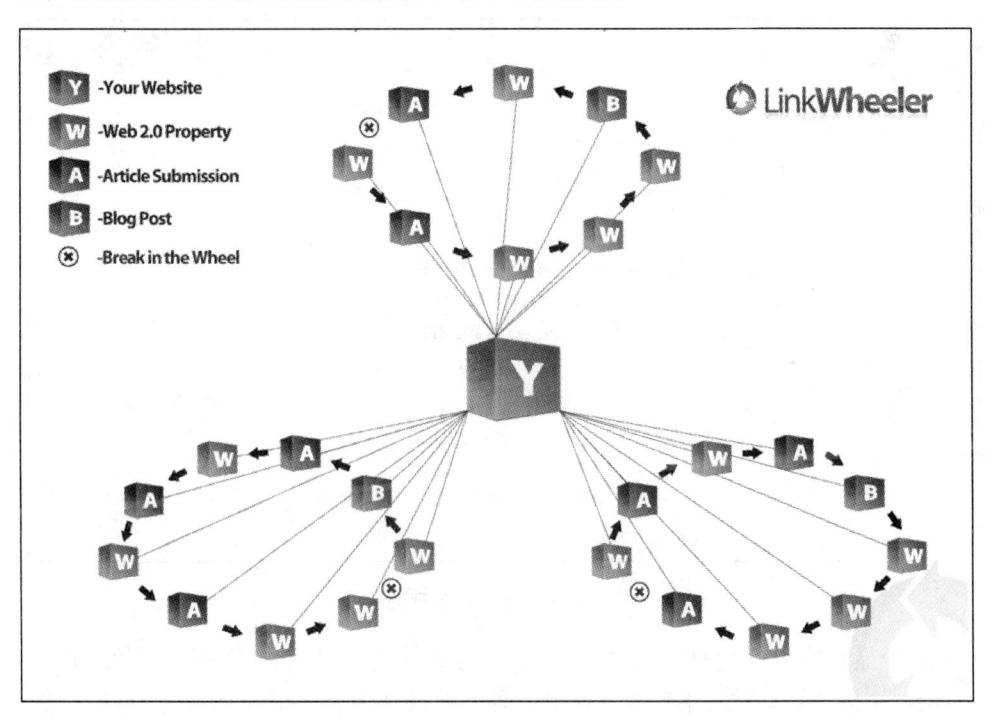

图 2-15　链轮结构

如图 2-15 中所示，"Y"表示的是要做排名的目标网站，周围环状结构中的方块代表的是次要网站。这些次要网站组成链轮一样的环状结构，然后全部做单项链接指向中间的目标网站。这是一个基本的链轮结构，可以在这一技术上拓展开来。

从 SEO 的角度来说，SEO 链轮不仅可以传递网站权重；还可以增加网站的收录量和访问量。但是在用站群进行 SEO 链轮策略时，都不是随便添加几篇文章就可以一劳永逸的，更多的时候需要有策略、有计划地更新，需要投入精力细心去琢磨，工作量也是相当大的。建立这些链轮前期需要时间进行建设，当各链轮中站点的 PR 值、权重全都提升到一个乐观程度上时，目标网站的权重、排名将会有质的飞跃，不过整个过程是很漫长的。总之，链轮需要耗费大量的人力、物力和财力，比较适合大型网站，团队配合完成。所以我们可以在拥有大量的网站和资源后再考虑做链轮。

2.4.2 网站外链、收录量及排名

在本节我们将介绍一下做 SEO 时，如何查询外链、收录量等方法，为我们更好地做网站 SEO 提供帮助，了解 SEO 的进展效果。

（1）网站外链的查询方法

对于百度搜索引擎，如果要想查询外链，可以利用"domain"指令加上要查询的网站域名。例如我们在百度搜索中输入"domain：www.yingyu.com"，如图 2-16 所示，共有 565 355 个查询结果。

图 2-16 网站外链查询

这个显示结果不包括锚文本，只包含网址外链，可以作为一个参考。百度"domain"指令是平时使用较为方便的一种，此外还有很多其他的外链查询方式，这里不再一一赘述。另外，Google 并不存在"domain"指令查询方法。

在查询链接的时候，我们需要注意的是发布的链接不会立刻显示出来，因为发布的链接需要被搜索引擎审核收录，如果被收录，还需要一段时间才能得以显现。如果发布的链接未被收录，则无法显示。如果总体的链接数量是上升的，反映出外链情况良好。此外，由于搜索引擎并不是很准确，我们不需要特意关注外链的数量，只需要参考一下一段时间内外链的总体增长情况。

（2）收录量的查询方法

只要页面被搜索引擎收录，该页面针对的关键词才具备排名。对于百度搜索引擎，只有我们的网页、内页的某篇文章或者某一个关键词被收录了，我们的网页才能在百度具有排名。被收录是具备排名的前提。对于百度搜索引擎的收录量查询方法，在这里我们介绍使用"site"指令的方法，即"site："加上要查询的网站。例如我们在百度搜索引擎中输入"site：www.yingyu.com"，如图 2-17 所示

示，显示"该网站共有 565 355 个网页被百度收录"。对于收录量的查询这只是其中的一种较为快捷方便的查询方法，对于其他收录办法，读者也可以自己学习并尝试。

图 2-17　网站收录量查询

2.4.3　错误链接、死链接和 404 错误界面

1. 错误链接和死链接

错误链接是指整个链接都是错误的、根本不存在的，一般是由用户拼写错误导致的。死链接指原来正常，后来失效的链接。死链接发送请求时，服务器返回 404 错误页面。

出现错误链接的情况主要有以下四种：

（1）用户域名拼写错误。

（2）URL 地址书写错误。

（3）URL 后缀多余了或缺少了斜杆。

（4）URL 地址中出现的字母大小写不完全匹配。

出现死链接的情况主要有以下四种：

（1）动态链接在数据库不再支持的条件下，变成死链接。

（2）某个文件或网页移动了位置，导致指向它的链接变成死链接。

（3）网页内容更新并换成其他的链接，原来的链接变成死链接。

（4）网站服务器设置错误。

其实，无论是死链接还是错误链接，对于用户来说，都意味着其要访问的网页打不开了，这对用户而言是非常不好的体验。如果网站存在很多的死链接，访问用户对网站的印象就会不好，这自然就会影响网站访问量。

2. 404 错误界面

在浏览器中我们任意输入一个不存在的网站，会显示"无法找到该网页"，及所谓的系统默认的 404 页面，提示访问者所访问的网并不存在（见图 2-18）。如果在天猫网址"www.tmall.com"后面加入一些字母后缀，也会打开一个并不存在的网页，如图 2-19 所示。

图 2-18　系统默认的 404 界面

图 2-19　天猫网的自定义 404 页面

图 2-19 所示的 404 页面与系统默认的 404 界面不同。这种大中型网站自己设计的 404 界面，称之为自定义 404 界面。如果网站不做自定义网页，用户访问的网站不存在，那么就会自动跳转到系统默认的 404 界面。

对于网站来说，删除一些内容是很正常的，特别是大型网站这种情况就更加普遍，所以用户点击访问的网站出现不存在的概率比较高。如果网站自己定义了自己网站的 404 界面，当用户访问的网站不存在的时候，可以给用户提供一些其他的网址，引导用户浏览其他页面，防止访客流失。网站在初期不一定需要做自定义的 404 网站，因为此时做自定义 404 网站对于 SEO 排名不太重要，如果网站较为庞大，则可以考虑做。

2.4.4 百度权重和PR

搜索引擎给网站（包括网页）赋予一定的权威值，对网站（含网页）权威评估评价。一个网站权重越高，在搜索引擎所占的份量越大，在搜索引擎排名就越好。提高网站权重，不但能让网站（包括网页）在搜索引擎的排名更靠前，还能提高整站的流量，提高网站信任度。所以，提高网站的权重是非常重要的。权重即网站在 SEO 中的重要性、权威性，是 SEO 给一个网站的一种待遇。

网站的权重高，则该网站的排名一般也比较不错。例如我们在百度搜索引擎中搜索"英语"，如图 2-20 所示，排在前面的网站的权重一定比后边的大。权重综合了各方面因素，SEO 各方面都做得很好，搜索引擎才会提高该网站的权重。

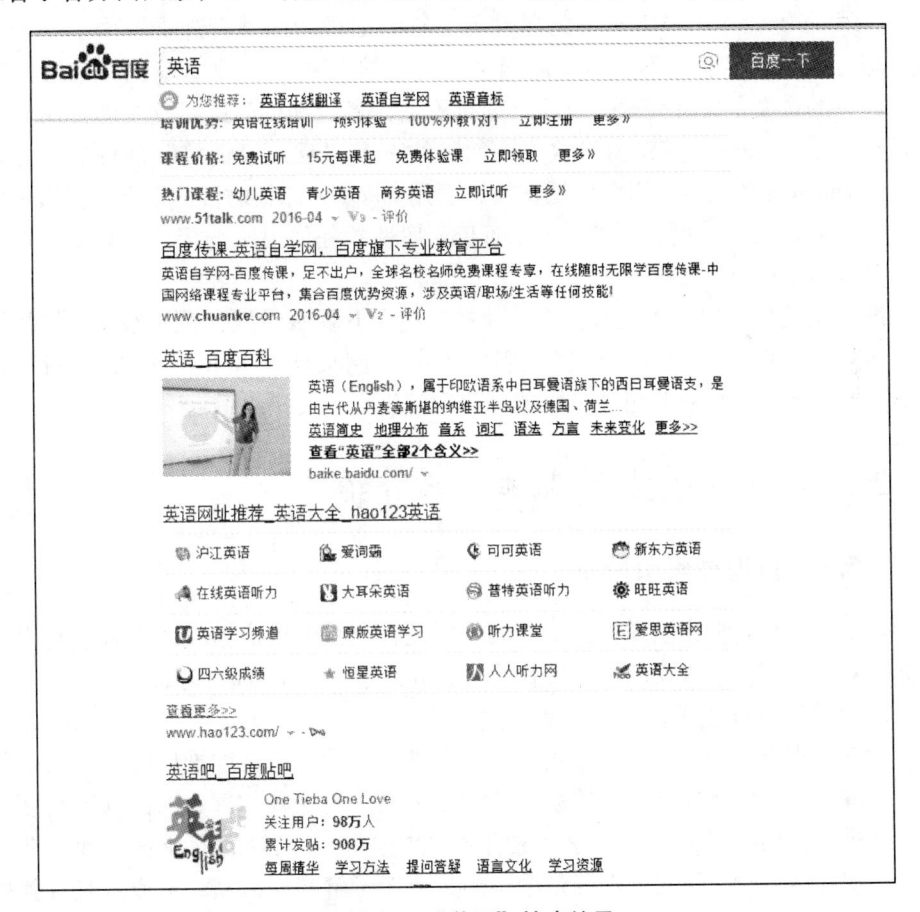

图 2-20 "英语" 搜索结果

PR 的全称为 PageRank（网页级别），它是用来表现网页等级的一个标准，级别是 0 到 10，是 Google 用于评测一个网页 "重要性" 的一种方法。PR 是谷歌对一个网站的综合性评价，有以下几个重点：

①PR 是针对网页的评价，而不是对网站的评价，即网站的每一页都有 PR。

②PR 有 PR0~PR10，它是以数字为区分的。新网站为 PR0，全世界 PR10 屈指可数，中国只有一个 PR10，就是工业与信息化部的网站。全中国的网站都是

其部网站的外链，即它有7亿个外部链接，所以它是就PR10。一般PR3是不错的，PR4是比较好的，PR5是很好的，PR6是非常好的，PR7算是顶级的，PR8算是无比顶级的，如：搜狐、新浪。百度、谷歌就是PR9级别的了。

PR值是谷歌常用的衡量网站重要程度的一个值，PR值和权重是两个不对等的概念，知识衡量一个网站权重的指标，不是PR值越高，权重就一定越高或者排名一定靠前。

2.4.5 nofollow标签

nofollow是一个HTML标签的属性值。这个标签的意义是告诉搜索引擎"不要追踪此网页上的链接或不要追踪此特定链接"。

nofollow是一个HTML标签的属性值。它的出现为网站管理员提供了一种方式，即告诉搜索引擎"不要追踪此网页上的链接"或"不要追踪此特定链接"。这个标签的意义是告诉搜索引擎这个链接不是作者信任的，所以这个链接不是一个信任票。nofollow标签是由谷歌领头创新的一个"反垃圾链接"的标签，并被百度、Yahoo等各大搜索引擎广泛支持，引用nofollow标签的目的是指示搜索引擎不要追踪（即抓取）网页上的带有nofollow属性的任何出站链接，以减少垃圾链接的分散网站权重。

简单说就是，如果A网页上有一个链接指向B网页，但A网页给这个链接加上了rel="nofollow"标注，则搜索引擎不把A网页计算入B网页的反向链接。搜索引擎看到这个标签就可能减少或完全取消链接的投票权重。

2.5 百度搜索推广基本内容介绍

2.5.1 百度搜索引擎推广

本章我们将对搜索引擎搜索推广的作用及百度搜索推广涉及的内容进行大致简介，对于百度搜索推广的具体操作步骤，在后边的章节均有涉及。

1. 什么是百度搜索推广

百度搜索推广是一种按效果收费的网络推广模式，是百度推广的重要组成部分。百度搜索引擎是现今中文搜索引擎中使用最广的一种，每天网民利用百度搜索引擎进行数亿次计的搜索，这些搜索行为中隐藏着大量的商业意图和商业价值，用户在搜索时，很大一部分是希望购买或者了解某一商品，又或者是寻找提供某一服务的提供商。同时这些产品或者服务商也在寻找着潜在客户。百度搜索推广的关键词定位技术，可以将高价值的企业推广结果精准地展现给具备商业价值的搜索用户，满足网民的搜索需求和企业的推广需求，达到双赢的结果。图2-21为搜索引擎竞价推广流程。

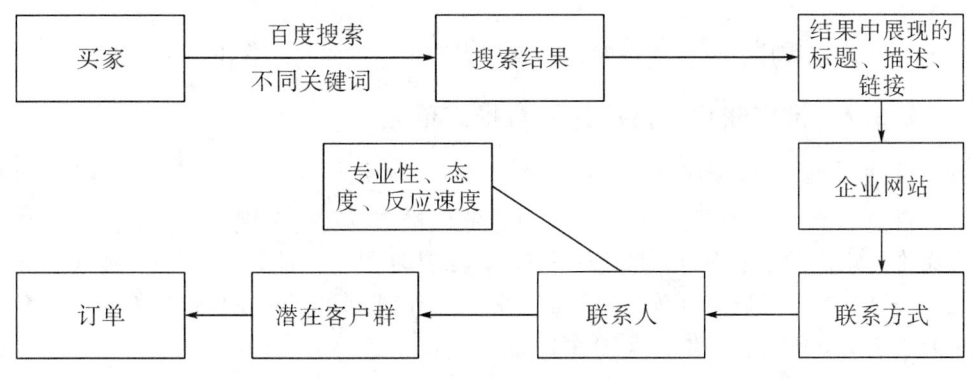

图 2-21 搜索引擎竞价推广流程

百度搜索推广具有覆盖面广、针对性强、按效果付费、管理灵活等优势,可以将推广结果免费地展现给大量网民,但只需为有意向的潜在客户的访问支付推广费用。相对于其他推广方式,百度搜索推广可以更灵活地控制推广投入,快速调整推广方案,通过持续优化不断地提升投资回报率。

2. 搜索引擎竞价推广的优势

(1) 按效果付费:搜索引擎竞价推广按照给企业带来的潜在客户访问数量计费,没有客户访问则不计费,并为企业提供详尽、真实的关键词访问报告,企业可随时登录查看关键词在任何一天的计费情况。

(2) 针对性极强:对企业产品真正感兴趣的潜在客户能通过有针对性的"产品关键词"直接访问到企业的相关页面,更容易达成交易。

(3) 关键词范围:企业可以同时注册多个关键词(数量不限),让企业的每一种产品和服务都有机会被潜在客户发现,获得最好的推广效果。

(4) 显著的展示位置:企业的广告被投放在百度搜索结果页显著的位置,让潜在客户第一眼就能看到企业的广告信息。

(5) 见效速度快:企业注册的关键词审核、网站发布时间不超过两天。

(6) 支持地区推广:企业可根据限定区域或省市做推广计划,只有指定地区的用户在百度搜索引擎平台上搜索企业注册的关键词时,才能看到企业的推广信息,为企业节省推广资金。

3. 推广结果的展现

通过百度搜索推广的关键词定位技术,用户的推广结果将按照标题、描述、网站链接(URL)的形式展现在具备消费意向的搜索用户面前。目前百度搜索引擎的搜索结果页大致有 4 种推广结果页面布局样式:

(1) 搜索结果首页左侧无底色的"推广"位置,此处最多展现 8 条不同的推广结果。

(2) 搜索结果首页左侧带有底色的"推广链接"位置,此处最多展现 5 条不同的推广结果,上下两处展现的结果一致;左侧上下推广链接内容相同。(图文样式只展现在上方首位)

(3) 搜索结果首页及翻页后的页面右侧,每页最多展现 8 条不同的推广结果。

（4）与品牌广告同台展现时，品牌广告在上，搜索推广在下。

2.5.2 推广账户、推广计划与推广单元

1. 百度推广账户结构

搭建一个优秀的百度推广账户，是企业做推广成功的关键，下面为大家详细介绍推广账户的主要内容。推广账户有四层结构：账户-计划-单元-关键词（如图2-22）。推广账户内可新建100个计划，一个计划可新建1 000个单元，一个单元可提交5 000个关键词和50个创意。

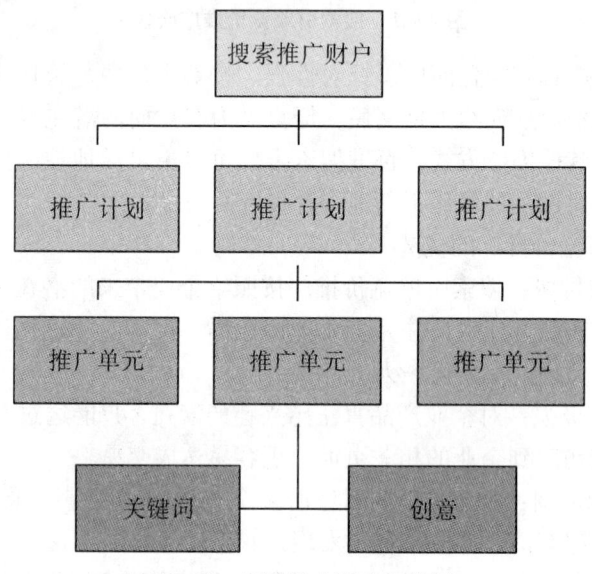

图2-22 百度推广账户结构图

2. 推广计划

推广计划是管理推广的大单元，单独划分出清晰的推广计划，不仅有助于我们针对不同的业务来分配预算、统计效果，还有助于我们建立明确的推广单元，更加优化我们的网站，有助于我们提高网站的点击量。

百度竞价推广计划划分有以下几种方式：

（1）按照账号推广关键词的类别进行划分，如品牌词、产品词、行业词、竞品词等。

（2）按产品的种类进行划分，产品种类多的可以一款产品建一个推广计划。

（3）按推广的地域进行划分，为了达到更好的推广效果，可以根据推广目标市场的分布按地域进行划分。

（4）按推广的时段进行划分，根据公司竞价推广的时段以及关键词在不同时段出价和排位的变化，按时段进行计划的划分。

（5）按公司的活动以及产品的促销情况进行计划的划分。

（6）按关键词的消费情况或转化效果进行重新划分，如高消费词、低消费词、高转化词、低转化词等。

这些只是推广计划划分的几种参考思路，在实际操作中，可以结合公司竞价推广的实际情况，进行相应的推广计划划分，只要方便账户操作和管理，怎样划分都是可以的。对于百度搜索推广中建立推广计划的具体步骤，我们在后边会有具体的介绍。

3. 推广单元

推广单元是百度推广账号管理关键词和创意的小单位，推广单元的建立与关键词的选择息息相关，一个推广单元里面可以设置很多关键词。之所以要建立推广单元是由于推广计划不能一次彻底地把关键词分得很明确，推广单元的再一次归类就使关键词的分类更为明确，进而也使得账户更加清晰化。

建立好推广计划以后，要仔细地考虑合理划分推广单元。一个计划下一般会有多个推广单元。首先，需要参照计划的思路，细分单元，应该逻辑清晰，减少重复，以便于后期管理和评估。其次，需要将"词义相近，结构相同"的关键词归到同一单元中，保持思路清晰，主题唯一，词性句式统一，这样便于商户撰写更相关的创意，也利于在创意中嵌入关键词，在搜索结果页吸引更多注意，提高点击率。

对于推广单元的设置技巧，我们这里大致介绍5种方法：

①同一单元关键词意义相近，结构相似。
②推广单元的名称要围绕核心关键词来写。
③为一个单元写3~5条密切相关的创意。
④为每一个推广单元设置单独的"主题"
⑤按照网民的搜索意图建立推广单元。

2.5.3 账户、推广计划与推广单元状态

在使用百度搜索推广时，百度推广账户、推广计划、推广单元均具备不同的状态，在这里具体介绍账户、计划、单元的推广状态。

1. 百度搜索推广的账户状态

百度搜索推广的账户状态共有5种：有效、余额为零、暂停推广、预算不足、未通过审核。

①有效：账户有效状态表示目前这个账户可以正常推广，但是具体是否可以正常展现广告，要看账户、单元、计划等综合层级的状态是否满足展现要求。

②余额为零：若竞价账户的余额为空，那就必须及时联系客服充值，否则是没法进行广告投放的。

③暂停推广：很多账户的很多创意和关键词都会设置为暂停推广，有的是因为时间问题，有的是因为季节原因，暂停以后广告不上线，如需上线百度后台启用即可。

④预算不足：表示当天的消费已经基本消耗完毕，关键词创意广告不会上线，如需上线需要添加日预算。[①]

---

① http://www.yijianjingjia.com/news/20130927498.html。

⑤未通过审核：很多竞价账户都存在被拒的情况。为什么会被百度拒绝？主要是因为网站域名、关键词、创意等不符合百度竞价的要求。账户被拒主要表现为下线处理，搜索关键词不再出现广告信息，出现这样的情况需要和百度客服及时沟通解决，以免影响公司推广销售。

2. 百度推广计划状态

推广计划状态体现推广计划当前的推广情况，共包括以下 4 种状态：有效、暂停推广、处于暂停时段和预算不足。

①有效：表示推广计划当前可以推广，但推广结果能否正常上线展现，是由账户、推广计划、推广单元、关键词与创意等各层级的状态共同决定的，可以点击小灯泡查看详情。

②暂停推广：表示推广计划设置了暂停，此时推广计划内的关键词和创意将不会在网民搜索结果中展现，直至点击"启用"来取消该推广计划的暂停。

③处于暂停时段：表示推广计划设置了"推广时段管理"且当前处于暂停推广时段之内。此时推广计划内的关键词和创意将不会在网民搜索结果中展现。

④预算不足：表示推广计划在当日的消费已经达到了您为该推广计划设置的预算。当推广计划处于该状态时，推广计划内的关键词和创意将不会在网民搜索结果中展现。

3. 百度推广单元状态

百度竞价推广单元的状态可以体现推广单元当前的推广情况，包括以下 2 种状态：有效和暂停推广。

①有效：表示推广单元当前可以推广，但推广结果能否正常上线展现是由账户、推广计划、推广单元、关键词与创意等各层级的状态共同决定的，可以点击小灯泡查看详情。

②暂停推广：表示推广单元设置了暂停，此时推广单元内的关键词和创意将不会在网民搜索结果中展现，直至点击"启用"来取消该推广单元的暂停。

2.5.4 预算、推广地域、推广时段与移动出价比例

1. 预算设置

对于预算，在百度推广层级有账户日预算和周预算的设置。此外，除了账户层级能设置预算，推广计划层级也能设置预算。百度账户的日预算表示企业每天愿意支付的最高推广费用，每日预算不能低于 50 元。百度账户的周预算表示企业每周愿意支付的最高推广费用，根据网站的流量特点，每周的推广费用会智能地分配到当周的每一天，每周预算不能低于 388 元。推广计划层级的预算，表示的是企业愿意在该计划中支付的最高推广费用，计划每日预算不能低于 50 元，账户层级不能设置周预算。

2. 推广计划的地域设置

在百度推广账户中，推广计划可以使用推广账户的推广区域，也可以单独为推广计划设置推广区域。推广账户的推广区域作用于整个账户，推广计划的推广区域作用于该计划。

3. 推广时段的设置

在我们的推广过程中，企业的有些推广不一定是24小时的在线推广，可以对于推广时段进行设置。在推广时段的设置中，企业可以以小时为单位来设置暂停。在暂停期间，制定范围内的推广结果将不再展现在网民面前。此时，推广计划状态将显示为"处于暂停时段"。

4. 移动出价比例

搜索推广可以通过PC端进行访问，但在移动端的点击价格是可以通过移动出价比例来设置的。企业可以用关键词出价乘以一定比例的方式设定移动设备的关键词出价，方便企业使用同一个计划管理多个设备端的投放。移动设备的关键词出价最高不超过999.99元。

5. 精确匹配拓展

精确匹配扩展功能，又称地域词扩展功能，功能启用后，当您设置的关键词中包含地域词时，位于该地域（按IP地址来判断）的网民搜索除去地域词以外的部分，也有可能展现您的推广结果。例如设置了关键词"北京英语培训"（精确匹配），启用此功能后，位于北京的网民在搜索"英语培训"时也可能会看到您的推广结果，位于其他地区的网民搜索"英语培训"则不会展现您的推广结果。

实战篇

3 实验一：系统使用基础

3.1 实验目的

1. 熟悉百度营销实验室的进入与退出及其编辑环境。
2. 熟悉百度推广账号首页的基本情况。
3. 熟悉百度账户推广概况页面的基本情况。
4. 熟悉推广管理页面的基本功能。
5. 熟练掌握建立账户结构、建立推广计划的方法。
6. 熟练掌握添加关键词、新增创意的方法。

3.2 客户基本信息

客户基本信息见表1-1。

表1-1 客户基本信息

公司营销目标		通过公司网站中各项培训产品的网络推广，提高网址的访问量并进一步形成订单
客户基本信息	公司名称	重庆雅思培训学校
	行业概况	已有的投放渠道 1. 传统渠道：在公交站广告牌、报刊、杂志做广告 2. 网络投放：也曾尝试过通过网站展示广告（新浪网） 以往投放sem经验 公司市场部对sem没有任何经验，了解同行通过百度搜索推广效果不错，希望尝试搜索推广并获得较多的订单回报 主要竞争对手 1. 重庆环球雅思学校 2. 四川外国语大学雅思培训
	公司规模	中型公司
	公司推广预算	每天3 000元
	受众目标	主要潜在客户：学生 潜在客户覆盖地区：北京、河北 潜在客户群可能上网搜索时段：重庆地区周一至周五11：00~22：00，周末全天 成都地区周一至周五17：00~20：00，周末10：00~22：00
	官网网址	edu.baidu.com

3.3 实验内容

"重庆雅思培训学校"刚刚开通百度搜索推广账户，目前账户还没有建立推广方案，请根据客户基本信息，建立账户结构（新建计划、单元）、提交关键词和创意。

3.4 实验要求

1. 建立账户结构，建立计划——"重庆推广计划"

（1）新建"重庆推广计划"，创意展现方式为"优选"，推广地域为"重庆"。

（2）在"重庆推广计划"下新建推广单元"雅思口语班"，设置单元出价"3元"。

（3）在"重庆推广计划"下新建推广单元"雅思周末班"，设置单元出价"2元"。

2. 添加关键词

（1）在"雅思口语班"单元中添加10个"雅思口语班"相关的关键词，全部设置为广泛匹配。

（2）在"雅思周末班"单元中添加10个"雅思周末班"相关的关键词，全部设置为短语匹配。

3.5 实验步骤

1. 建立计划——"重庆推广计划"

（1）新建"重庆推广计划"，创意展现方式为"优选"，设置推广地域"北京"。

①打开实验室系统，点击搜索推广中"进入"，进入"推广管理"，如图3-1所示。

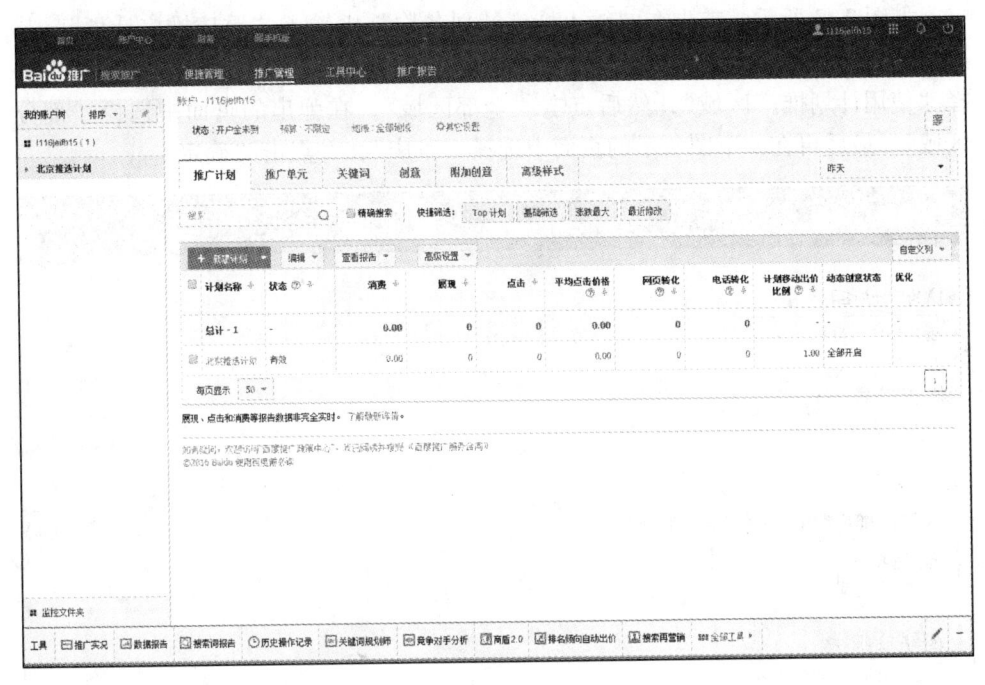

图 3-1

②点击"推广计划"中的"新建推广计划"选项，进入如下界面，如图 3-2 所示。

图 3-2

如图3-3所示,首先在"输入推广计划名称"中输入"重庆推广计划"。其次,在"创意展现方式"一栏中选择"优选"。再次,在"推广区域"一栏中选择"使用计划推广区域",然后点击"全部区域",在弹出的页面中选择"部分区域"。最后再在如下图所示的页面中选择"重庆",并点击"确定"。

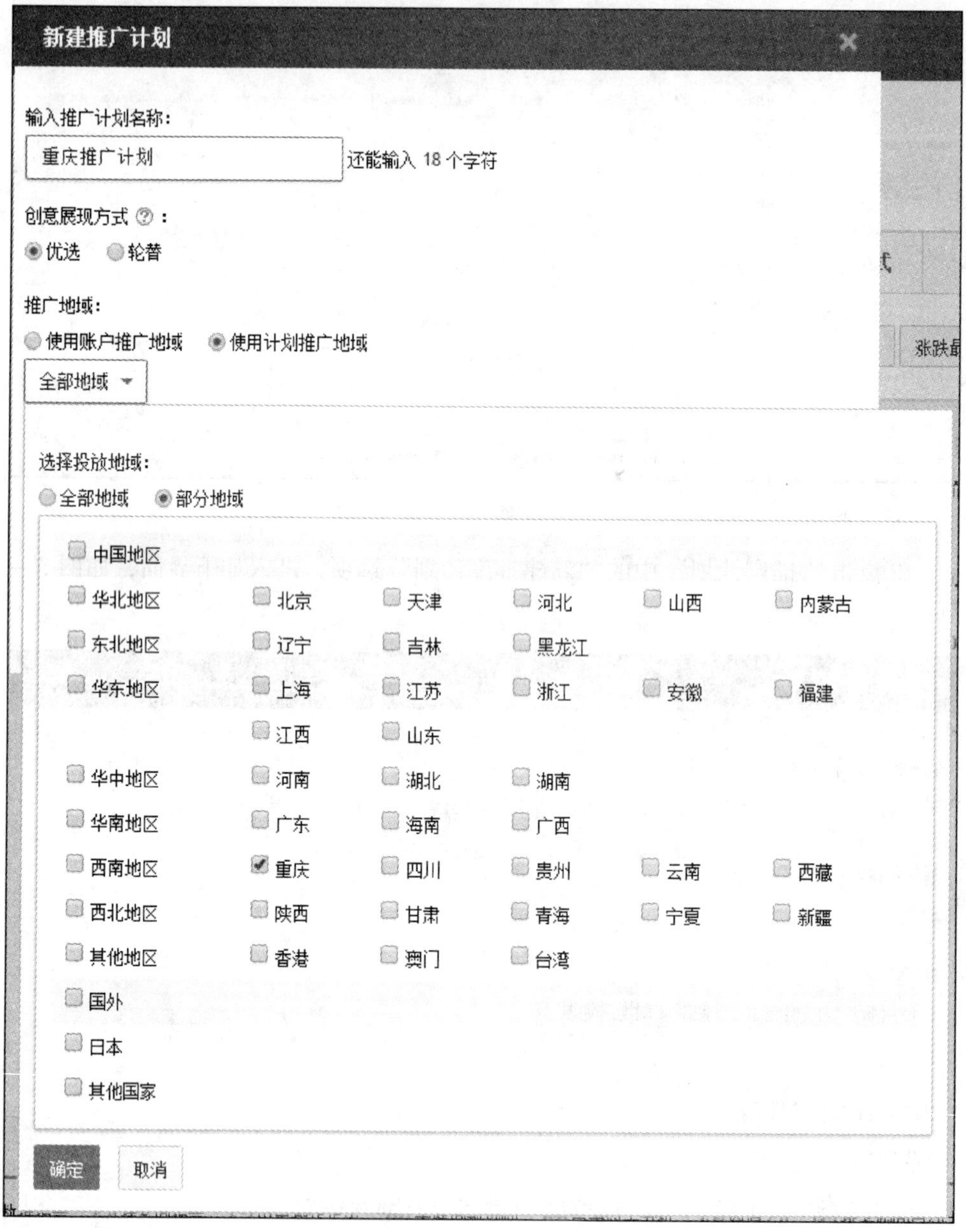

图3-3

③设置完相关内容后,点击图3-3中的"确定",即可在主界面"推广计划"一栏中查看新建的推广计划,如图3-4所示。

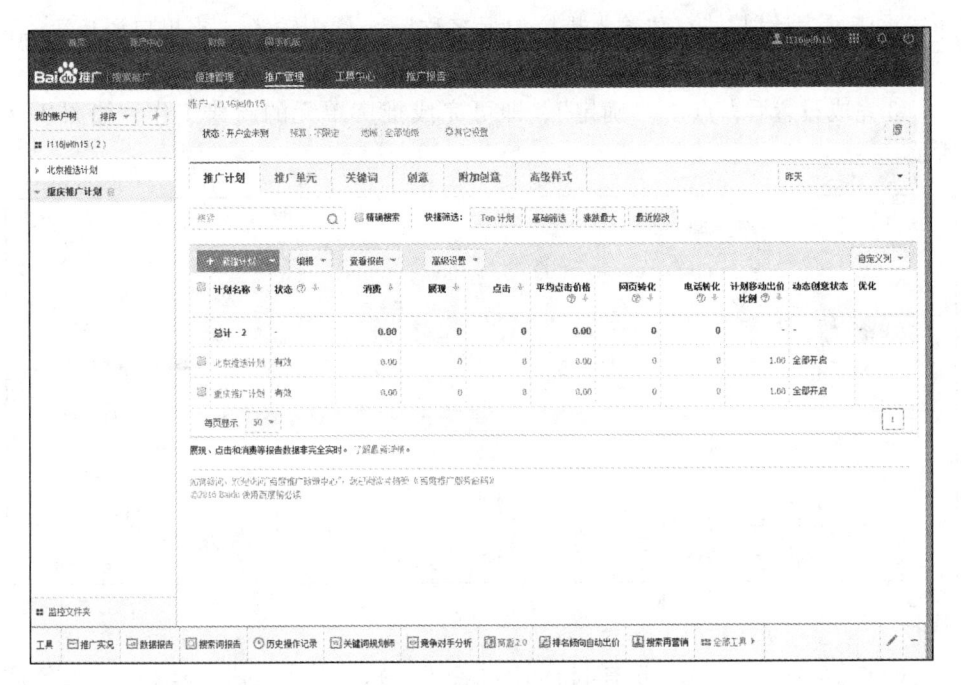

图 3-4

（2）新建推广单元：选择目标计划名"重庆推广计划"→输入单元名称"雅思口语班"→设置单元出价"3元"。

①在"推广管理"界面中，点击"重庆推广计划"，进入图 3-5 所示界面。

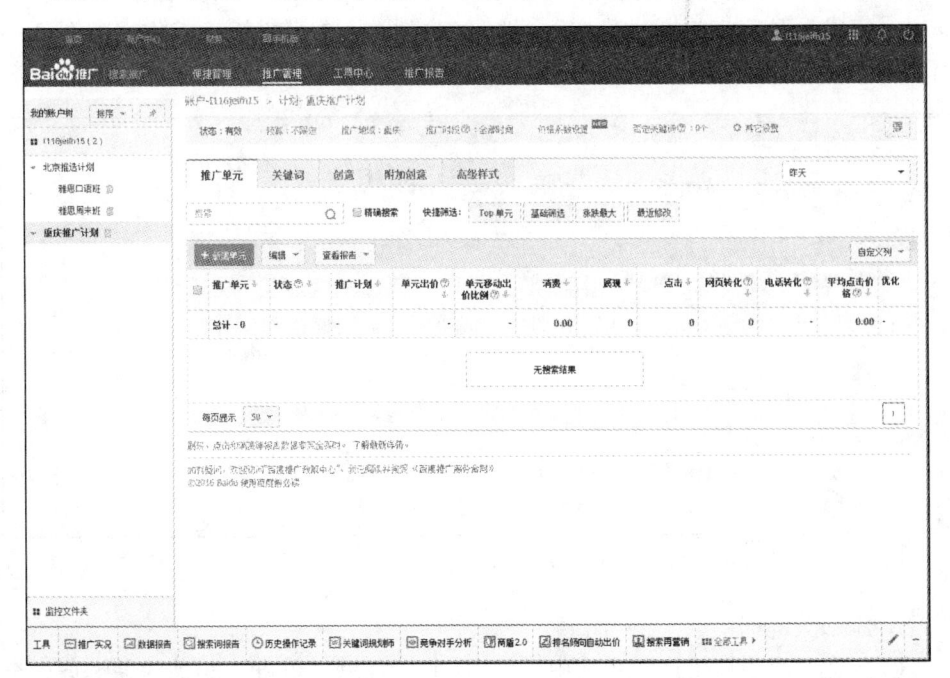

图 3-5

②点击"新建单元"，进入"新建单元"设置界面，在"目标计划名"中选

择"重庆推广计划",在"输入推广单元名称"一栏中输入"雅思口语班",在"单元出价(元)"一栏中输入"3"。

③完成设置后,点击"确定",即可完成推广单元的新建工作,如图3-6所示。

图 3-6

(3)新建推广单元:选择目标计划名"重庆推广计划"→输入单元名称"雅思周末班"→设置单元出价"2元"。

①在"推广管理"界面中,点击"重庆推广计划",在图3-6所示界面中点击"新建单元",进入"新建单元"设置界面,在选择"重庆推广计划",在"输入推广单元名称"一栏中输入"雅思周末班",在"单元出价(元)"一栏中输入"2"。

②完成设置后,点击"确定",即可完成推广单元的新建工作,如图3-7所示。

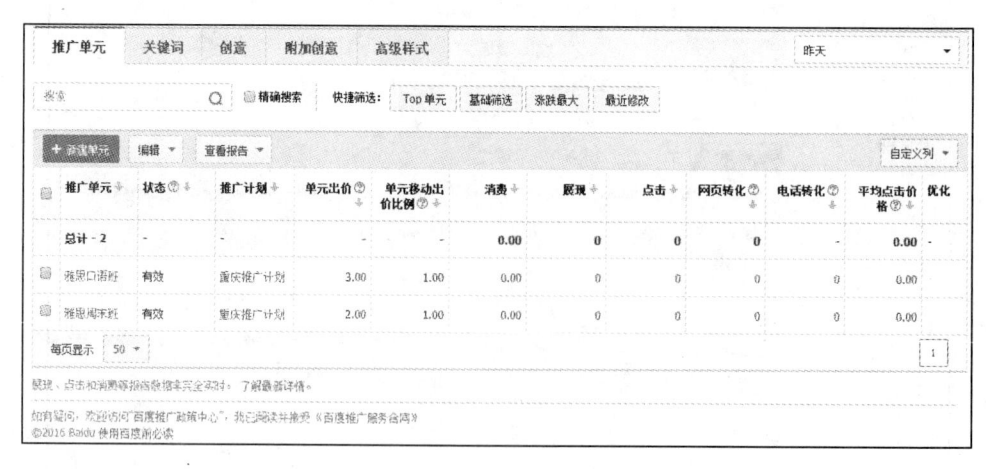

图 3-7

2. 添加关键词

(1)在"雅思口语班"单元中添加10个"雅思口语班"相关的关键词,全部设置为广泛匹配。

①在如图3-7所示的推广单元界面中点击"雅思口语班",进入设置页面,

如图 3-8 所示。

图 3-8

②点击图 3-8 中"新建关键词",进入图 3-9 所示界面。

图 3-9

③点击图 3-9 中"搜索添加",在"搜索添加"页面中输入"雅思口语班",点击"搜索"可得到图 3-10 所示界面。

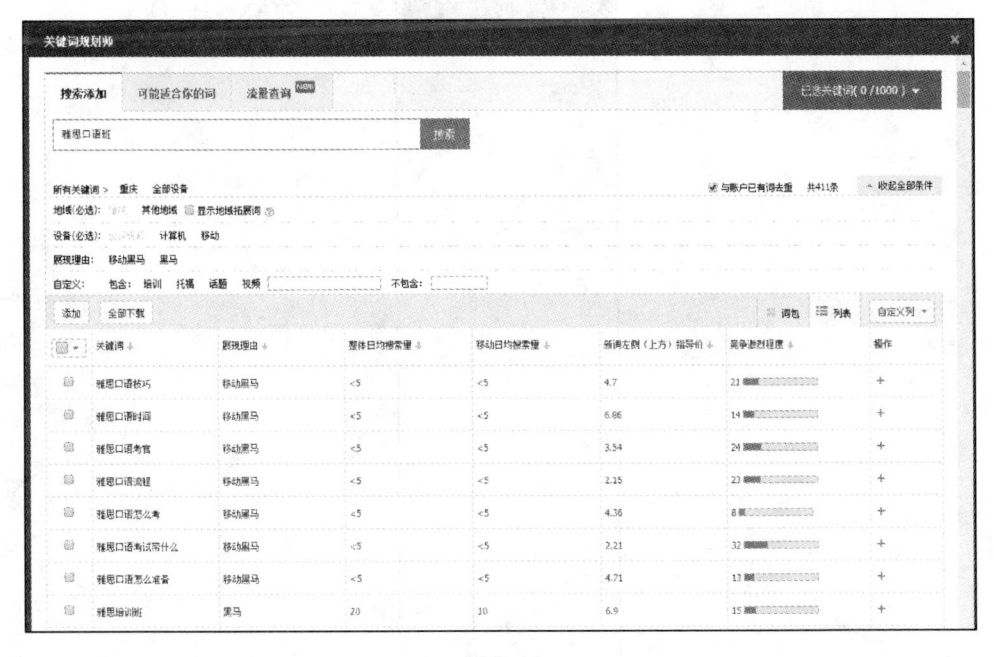

图 3-10

④在图 3-10 中,勾选所需要的关键词,进入图 3-11 界面,并点击图 3-11 中"添加"选项,即可将所选中的关键词添加进"已选关键词"如图 3-11 所示。

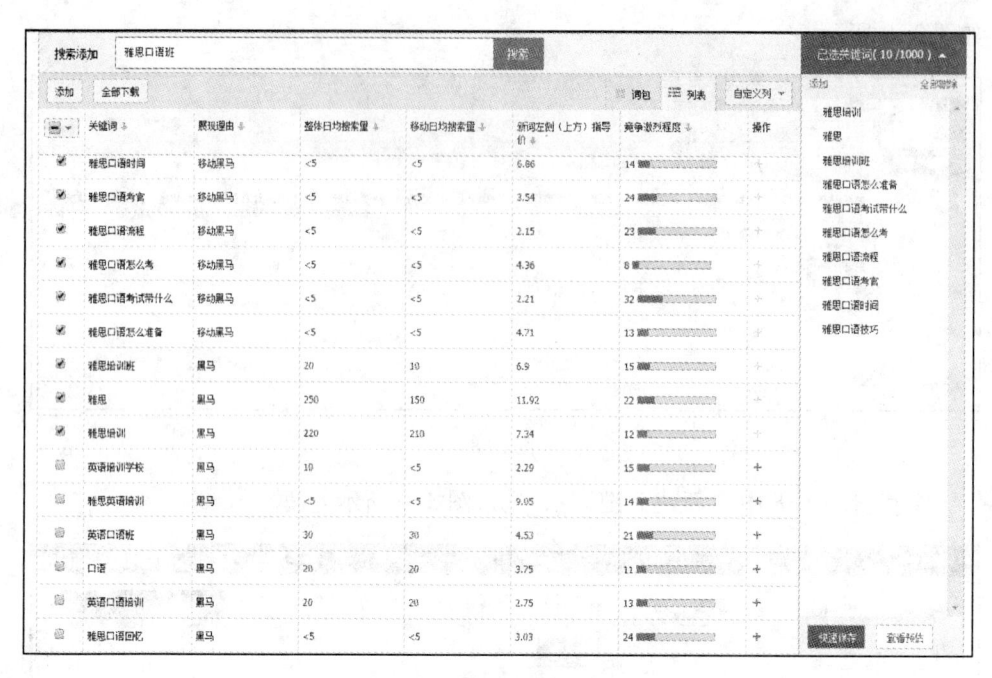

图 3-11

③点击图 3-11 中"已选关键词"一栏中的"快速保存",进入图 3-12 所示界面。

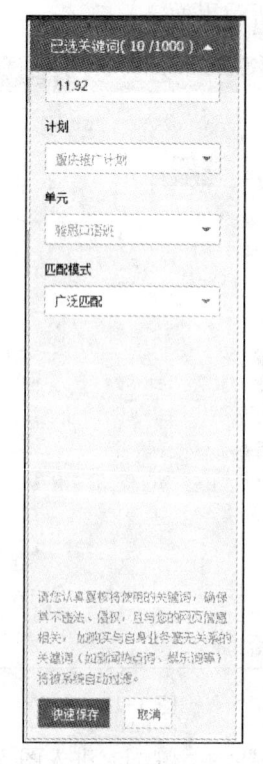

图 3-12

④在如图 3-12 所示界面中的"匹配模式"一栏选择"广泛匹配",并点击"快速保存",即完成关键词的保存,并弹出如图 3-13 所示的界面,点击"去推广管理页",即可返回推广管理界面。

图 3-13

⑤建立关键词后,我们可以看到如图 3-14 所示的界面。

图 3-14

(2) 在"雅思周末班"单元中添加 10 个"雅思周末班"相关的关键词,全部设置为短语匹配。

①同添加"雅思口语班"相似,在"推广单元"中点击"雅思周末班",在弹出的页面中,点击"新建关键词",在"关键词规划师"中搜索"雅思周末班",并添加 10 个关键词,并在"匹配模式"一栏中选择"短语匹配",便可建立如图 3-15 所示的关键词界面。

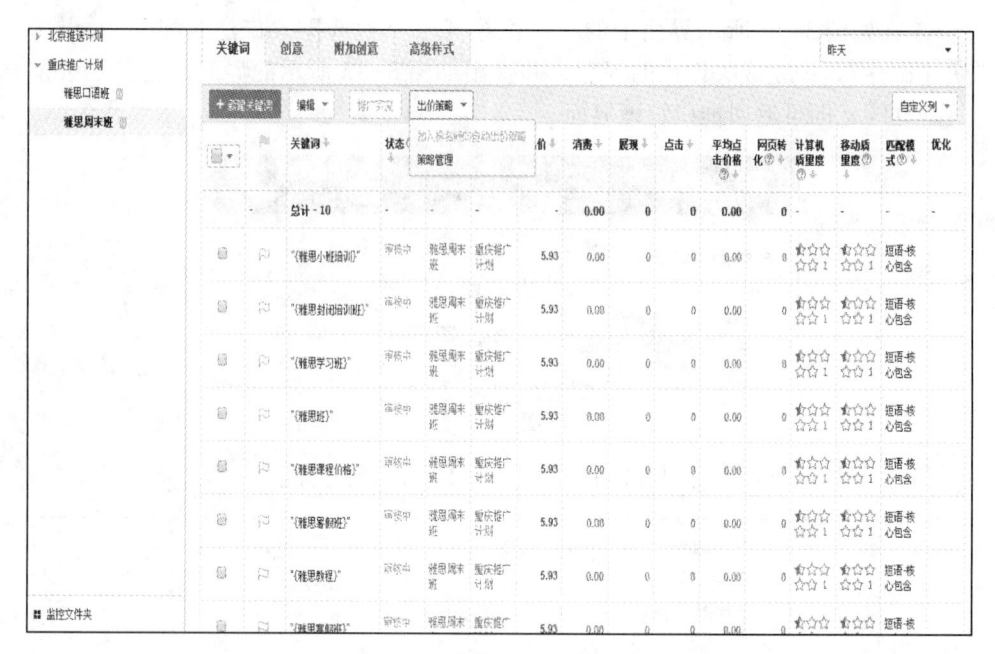

图 3-15

3.6 实验任务

1. 新建推广计划二——"成都推广计划"

（1）新建"成都推广计划"，创意展现方式为"优选"，推广地域为"北京"。

（2）在"成都推广计划"下建立单元"雅思保过班"，设置单元出价"3元"；新建推广单元"雅思速成班"，设置单元出价"2元"。

2. 添加关键词

（1）在"雅思保过班"单元中添加 10 个"雅思保过班"相关的关键词，全部设置为精确匹配。

（2）在"雅思速成班"单元中添加 10 个"雅思速成班"相关的关键词，全部设置为广泛匹配。

4 实验二：各层级设置

4.1 实验目的

1. 熟悉百度营销实验室推广计划的账户层级的设置。
2. 熟悉推广计划层级的内容设置。
3. 熟练掌握推广计划日预算的设置。
4. 熟练掌握推广计划的推广区域的选择。
5. 熟练掌握推广计划的推广时段的设置。

4.2 客户基本信息

表 1-2 客户基本信息

公司营销目标		通过公司网站中各项培训产品的网络推广，提高网址的访问量并进一步形成订单
客户基本信息	公司名称	重庆雅思培训学校
	行业概况	已有的投放渠道 1. 传统渠道：在公交站广告牌、报刊、杂志做广告 2. 网络投放：通过网站展示广告（新浪网） 以往投放 SEM 经验 公司市场部对 SEM 没有任何经验，了解同行通过百度搜索推广效果不错，希望尝试搜索推广并获得较多的订单回报。 主要竞争对手 1. 重庆环球雅思学校 2. 四川外国语大学雅思培训
	公司规模	中型公司
	公司推广预算	每天 1 500 元
	受众目标	主要潜在客户：学生 潜在客户覆盖地区：重庆、成都 潜在客户群可能上网搜索时段：重庆地区周一至周五 11：00~22：00,周末全天 成都地区周一至周五 17：00~20：00，周末 10：00~22：00
	官网网址	edu.baidu.com

4.3 实验内容

在实验一中,"重庆雅思培训学校"已经搭建起了推广方案的账户结构,并提交了关键词、撰写了创意。为了完成整个方案的制作,在实验一的基础上,还需要根据企业的推广需求对账户的各层级进行设置。

4.4 实验要求

1. 新增创意

(1)在"雅思口语班"单元中新增两条以上与"雅思口语班"相关的创意。

(2)在"雅思周末班"单元中新增两条以上与"雅思周末班"相关的创意。

2. 账户层级设置

(1)设置账户层级日预算为"1 500元"。

(2)设置账户层级推广区域为"重庆"和"成都"。

(3)设置账户IP排除"172.38.66.*",以排除本公司IP地址段,以免造成不必要的消费。

3. 推广计划层级——"重庆推广计划"计划层级设置

(1)设置"重庆推广计划"日预算为"800元"。

(2)设置"重庆推广计划"推广区域为"重庆"和"成都"。

(3)设置"重庆推广计划"推广时段为"周一至周五11:00~22:00,周末全天"。

4.5 实验步骤

1. 新增创意

(1)在"雅思周末班"单元中新增两条以上与"雅思周末班"相关的创意。

①点击"雅思周末班"单元,进入图4-1所示界面。

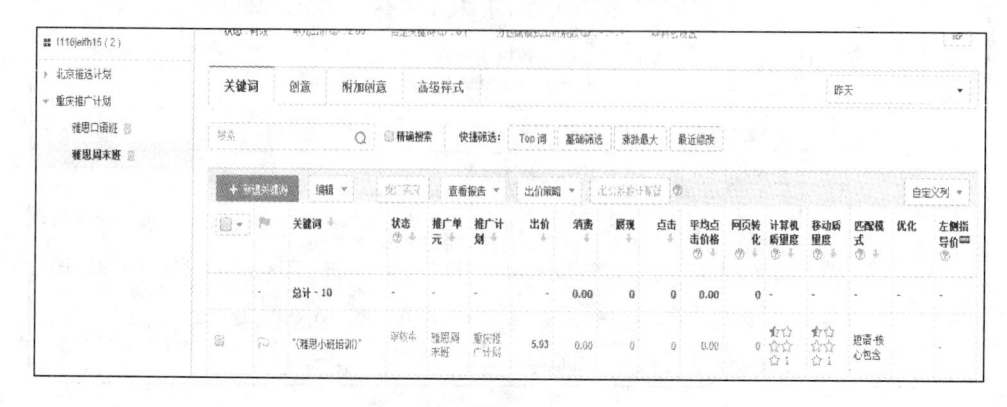

图 4-1

②点击图 4-1 中"创意"栏，进入图 4-2 所示界面。

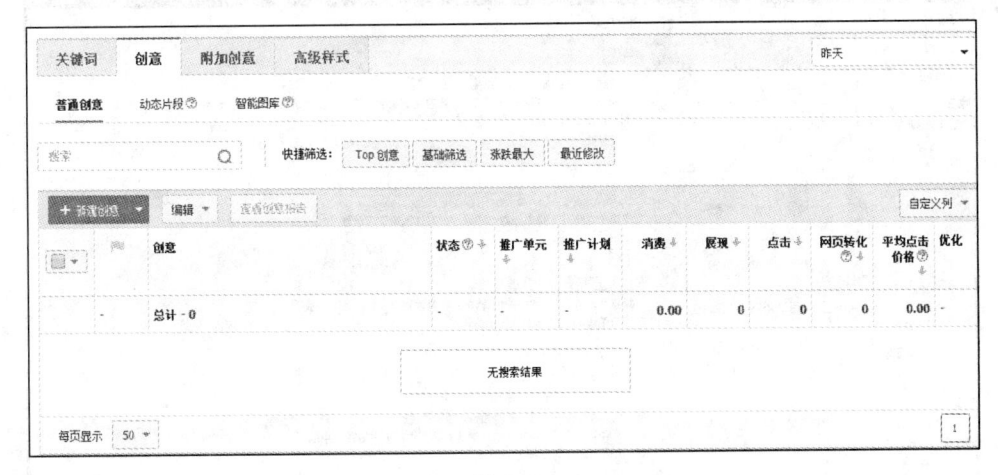

图 4-2

③点击图 4-2"新建创意"，进入图 4-3 所示的界面，然后进行图 4-3 和图 4-4 所示的设置，新增两条创意。

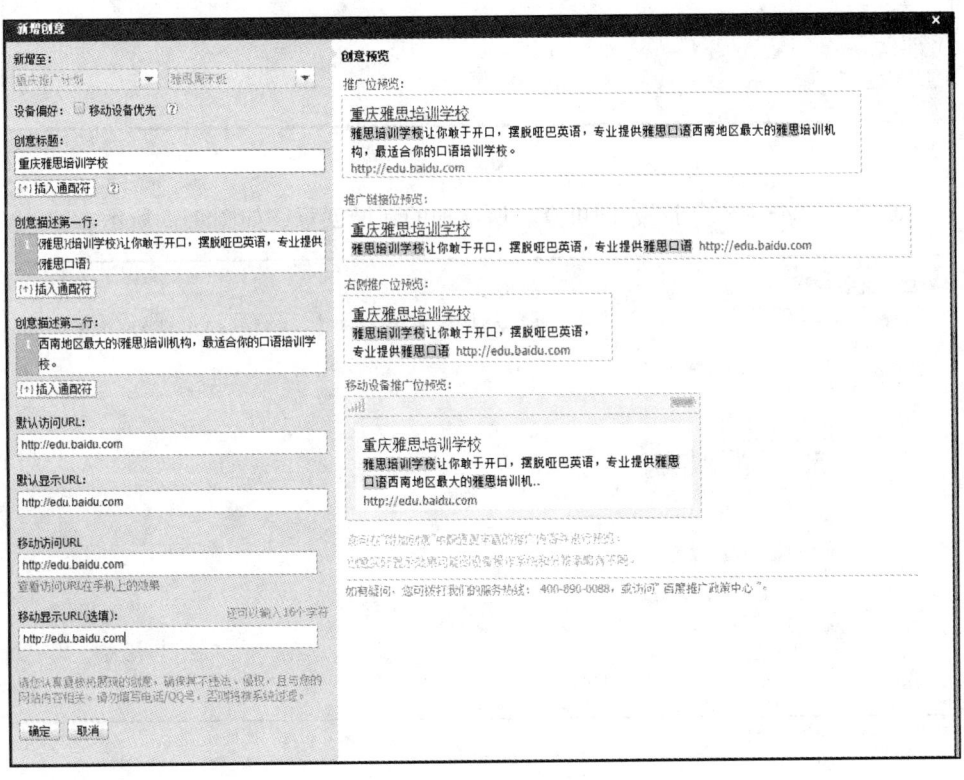

图 4-3

图 4-4

④点击图 4-4"确定",即可查看所增加的新增创意,如图 4-5 所示。

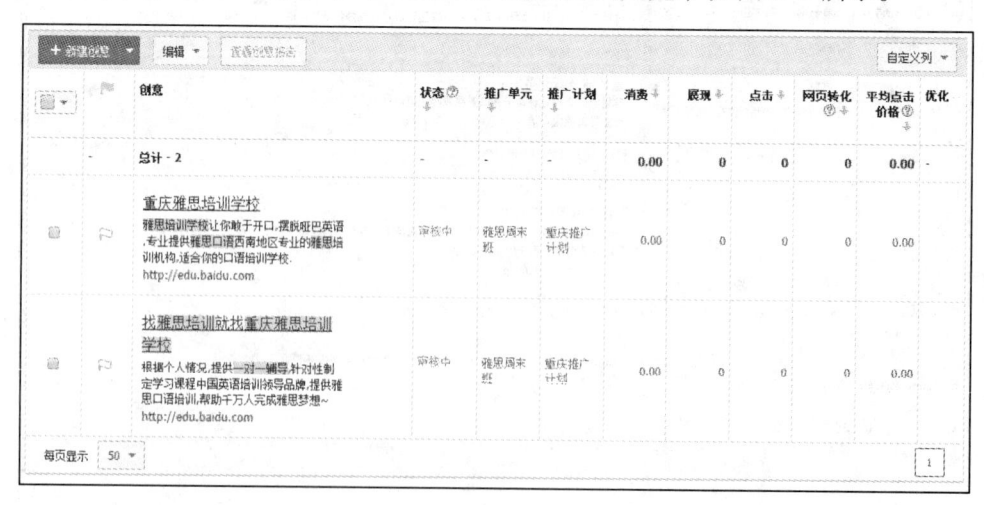

图 4-5

(2) 在"雅思口语班"单元中新增两条以上与"雅思口语班"相关的创意。

①在图 4-1 推广计划中点击"雅思口语班",增加两条新增创意,如图 4-6 和图 4-7 所示。

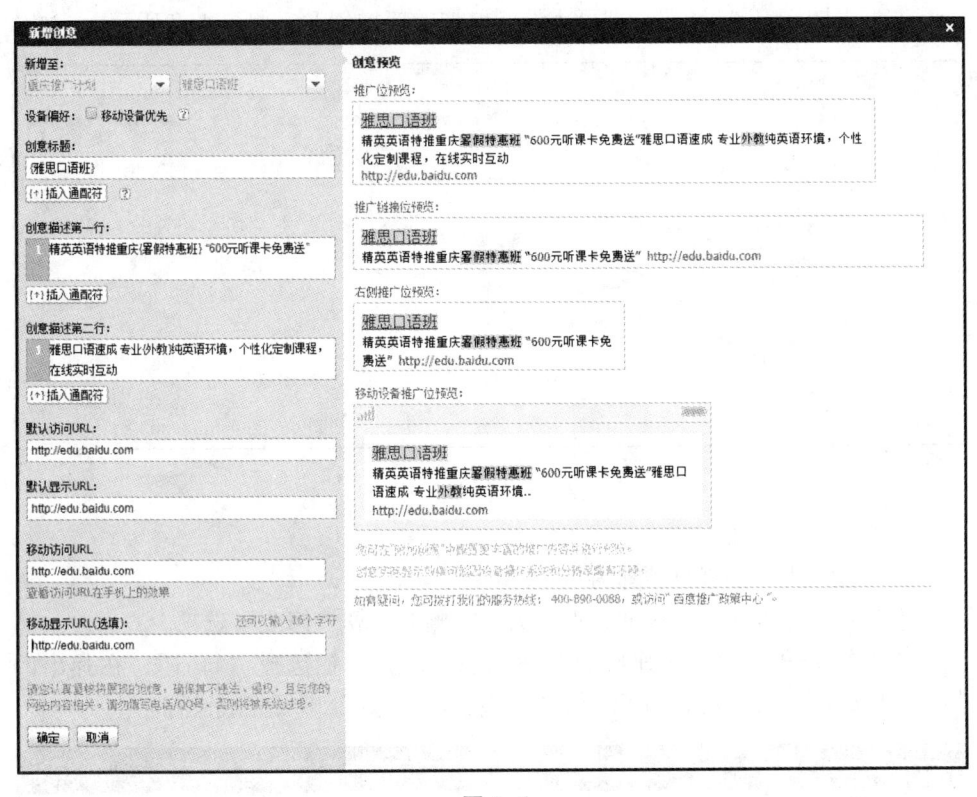

图 4-6

图 4-7

②点击图 4-7 "确定",即可查看所增加的新增创意,如图 4-8 所示。

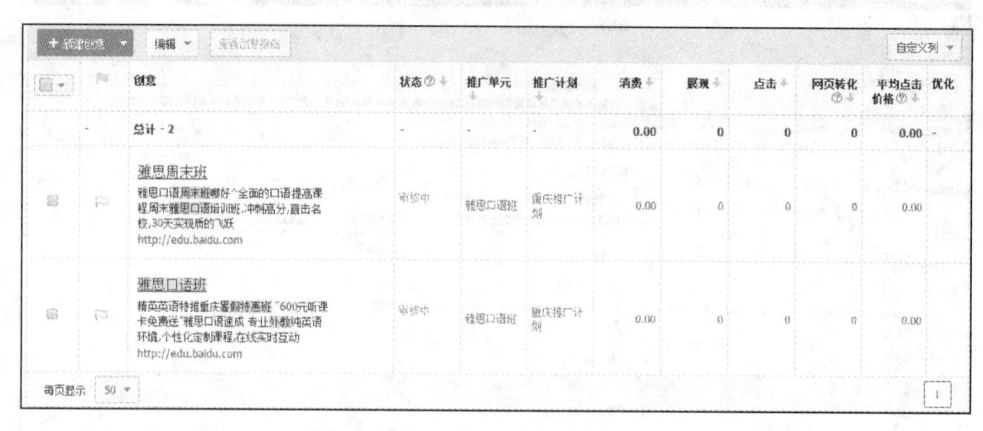

图 4-8

2. 账户层级设置

(1) 设置账户层级日预算为 "1 500" 元。

①进入 "搜索推广" 页面,点击页面左侧的预算 "修改" 选项。

②如图 4-9 所示,在弹出的对话框中,预算一栏选择 "每日",在弹出的 "目前日预算" 一栏改为 "1 500",然后点击 "确定" 即可完成设置。

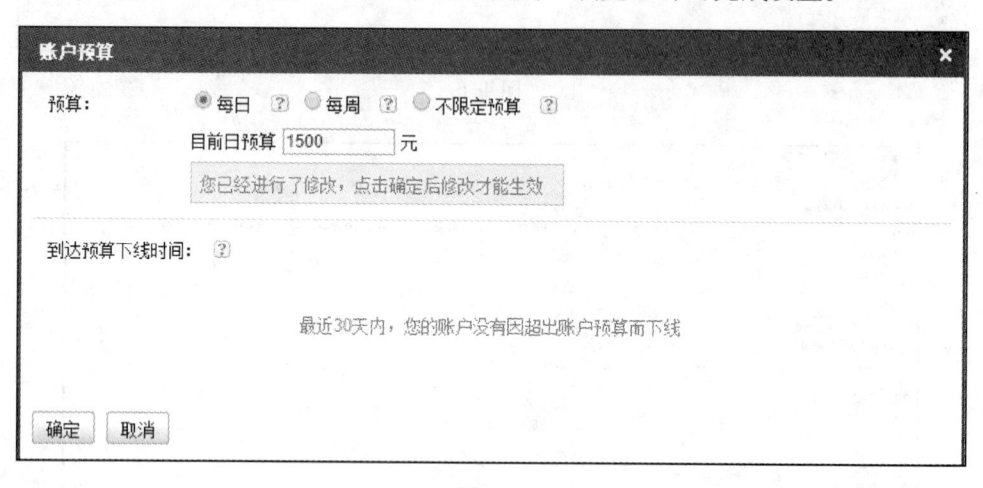

图 4-9

③完成设置如图 4-10 所示。

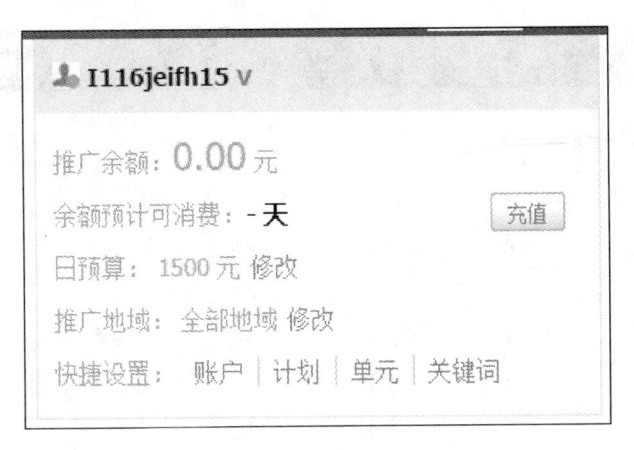

图 4-10

（2）设置账户层级推广区域为"重庆"和"成都"。

①在图 4-11 中选择"便捷管理"页面左侧的推广地域的"修改"，进行推广地域的修改。

图 4-11

②在弹出的"账户推广地域"修改中，选择"部分地域"，然后选择"重庆"和"成都"，最后点击"确定"，即可完成"账户推广区域"的修改，如图 4-12 所示。

063

图 4-12

（3）设置账户 IP 排除 "172.38.66.*"，以排除本公司 IP 地址段，以免造成不必要的消费。

①在选择"搜索推广"页面选择"工具中心",如图4-13所示。

图 4-13

②在图4-13中选择"工具中心"的"商盾2.0",点击"使用",进入商盾2.0界面,如图4-14所示。

图 4-14

③在弹出的界面（图4-14）中点击"进入屏蔽管理"，在所弹出的页面中选择"手动展现屏蔽"，然后点击下方的"新增IP屏蔽"，最后再输入需要屏蔽的IP地址段。如图4-15所示。

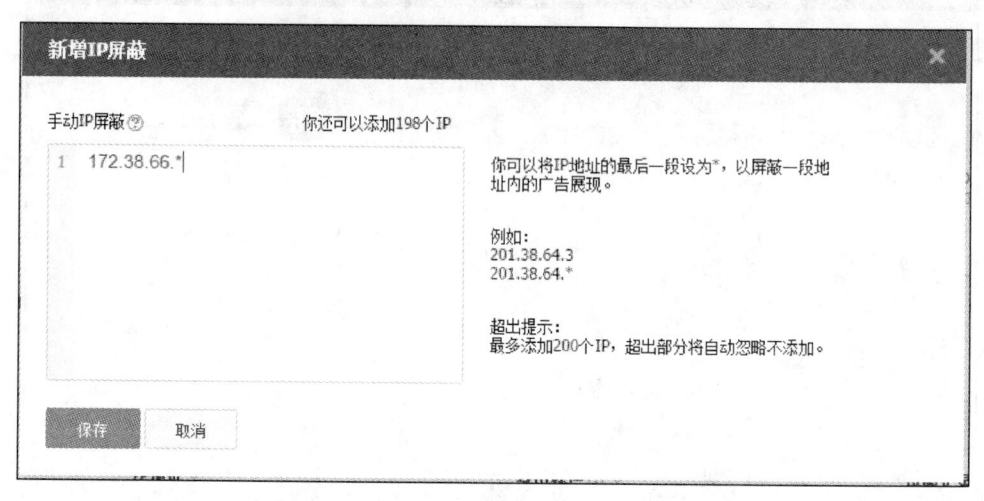

图 4-15

④设置完成后，点击"保存"，即可完成IP屏蔽设置，并可以在"手动展现屏蔽"界面中查看，如图4-16所示。

图 4-16

3. 推广计划层级——"重庆推广计划"计划层级设置

（1）设置"重庆推广计划"，日预算为"800元"，推广区域"重庆"和"成都"，推广时段为"周一至周五11：00~22：00，周末全天"，"否定关键词"为"雅思教材""雅思讲师培训"。

①回到搜索推广界面（图4-14），进入推广界面，进入"推广管理"界面，并选择"重庆推广计划"，即可在页面上方看到"重庆推广计划"的"状态""预算""推广地域""推广时段""否定关键词"的等内容。

②点击"预算"，进入"计划预算"界面，如图4-17所示。在弹出的页面中选择"每日"，并设置"目前日预算"为800元，然后点击"确定"，即可完成日预算的设置。

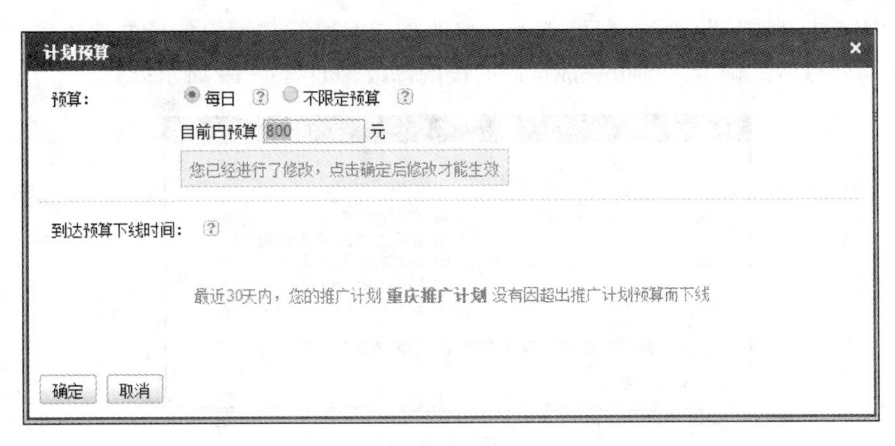

图 4-17

③点击"推广区域",进入"计划推广地域"设置界面,选择"部分地域",然后选择"重庆",点击"确定",即可完成推广计划区域的设置,如图 4-18 所示。

图 4-18

④点击"推广时段",即可进入"修改推广时段"界面,然后勾选预先计划的时间,点击"确定"即可完成推广时段的修改,如图4-19所示。

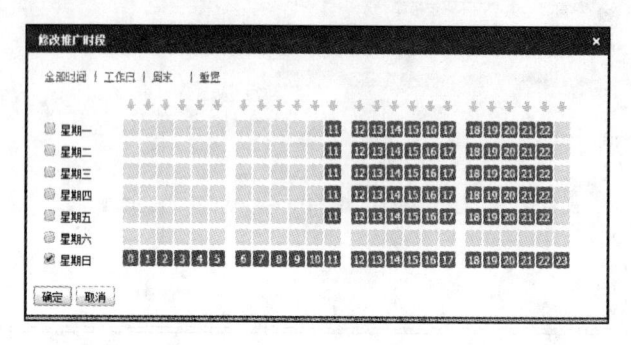

图 4-19

4.6 实验任务

1. 新增创意
(1) 在"雅思保过班"单元中新增两条以上与"雅思口语班"相关的创意。
(2) 在"雅思速成班"单元中新增两条以上与"雅思周末班"相关的创意
2. 账户层级设置
(1) 修改账户层级日预算为"1 200元"。
(2) 修改账户层级推广区域为"重庆"和"四川"。
3. 推广计划层级——"成都推广计划"计划层级设置
(1) 设置"成都推广计划"日预算为"600元"。
(2) 设置"成都推广计划"推广区域"四川"。
(3) 设置"成都推广计划"推广时段为"周一至周五17:00~20:00,周末10:00~22:00"。

5 实验三：进阶训练（一）

5.1 实验目的

1. 熟练掌握设置否定关键词、计划名称的调整。
2. 熟练掌握创意展现方式的设置、设置 IP 排除、计划状态的调整。
3. 熟悉掌握单元状态的调整。
4. 熟悉掌握关键词状态的调整。
5. 熟悉掌握关键词出价的设置。

5.2 客户基本信息

表 1-3　客户基本信息

公司营销目标		通过公司网站中各项培训产品的网络推广，提高网址的访问量并进一步形成订单
客户基本信息	公司名称	重庆雅思培训学校
	行业概况	已有的投放渠道 1. 传统渠道：在公交站广告牌、报刊、杂志做广告 2. 网络投放：通过网站展示广告（新浪网） 以往投放 SEM 经验 公司市场部对 SEM 没有任何经验，了解同行通过百度搜索推广效果不错，希望尝试搜索推广并获得较多的订单回报。 主要竞争对手 1. 重庆环球雅思学校 2. 四川外国语大学雅思培训
	公司规模	中型公司
	公司推广预算	每天 3 000 元
	受众目标	主要潜在客户：学生 潜在客户覆盖地区：重庆、成都 潜在客户群可能上网搜索时段：重庆地区周一至周五 11：00~22：00，周末全天 成都地区周一至周五 17：00~20：00，周末 10：00~22：00
	官网网址	edu.baidu.com

5.3 实验内容

在实验二的基础上，对推广账户和个推广计划做了初步的设置，构建起了基础的推广计划。在经过一段时间的推广后，根据推广情况需要对在推广单元层级、关键词层级、创意层级分别进行相应的修改。

5.4 实验要求

1. 推广计划层级修改设置

（1）设置"重庆推广计划"的"否定关键词"为"雅思教材"和"雅思讲师培训"。

（2）将"重庆推广计划"推广计划名称修改为"雅思重庆推广计划"和创意展现方式设置为"优选"。

（3）设置"雅思重庆推广计划"IP排除"201.38.65.100"和"201.38.65.200"，计划状态设置为"有效"。

（4）将所有的单元均设置为"有效"。

2. 推广单元层级的修改设置

（1）将"雅思重庆推广计划"内的"雅思周末班"单元名称修改为"雅思周末班-重庆"。

（2）将"雅思重庆推广计划"内的"雅思口语班"单元名称修改为"雅思口语班-重庆"。

5.5 实验步骤

1. 推广计划修改

（1）设置"重庆推广计划"的"否定关键词"为"雅思教材"和"雅思讲师培训"。

①点击"否点关键词"，即可进入"否定关键词"设置界面，然后选择"否定关键词"，输入否定关键词，点击"保存"即可完成否定关键词的设置，如图5-1所示。

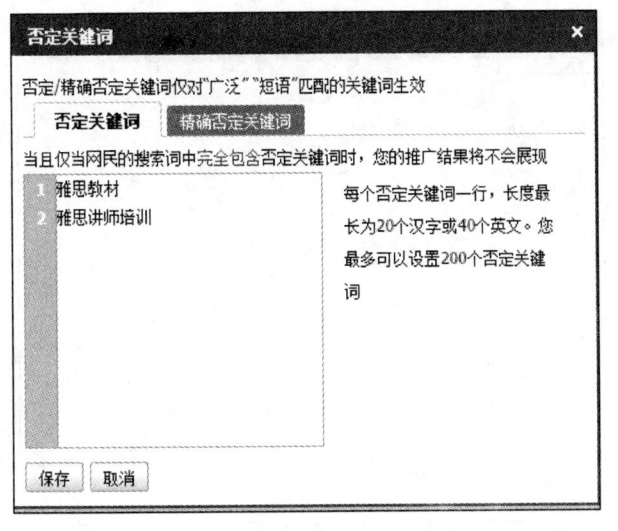

图 5-1

②完成上述设置后,即可在界面中看到设置后的结果,如图 5-2 所示。

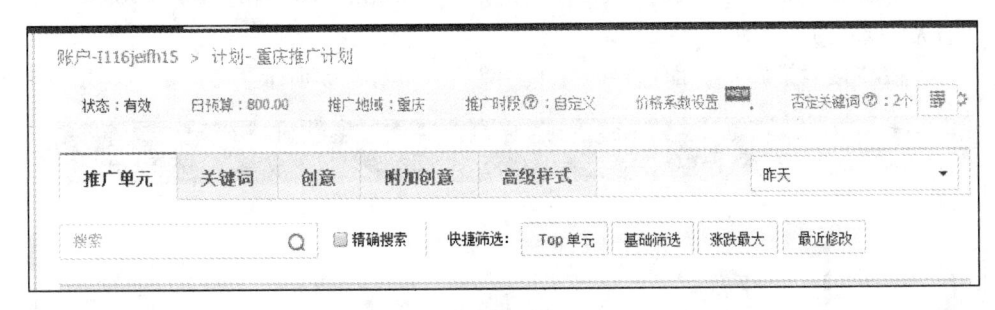

图 5-2

(2)将"重庆推广计划"推广计划名称修改为"雅思重庆推广计划"、创意展现方式设置为"优选"。

①在"推广管理"中选择"重庆推广计划",然后点击重庆推广计划页面中的"其他设置",如图 5-3 所示。

图 5-3

②在"其他设置"界面,将推广计划名称进行修改,并将创意展现方式改为"优选",点击"保存"即可完成设置,如图 5-4 所示。

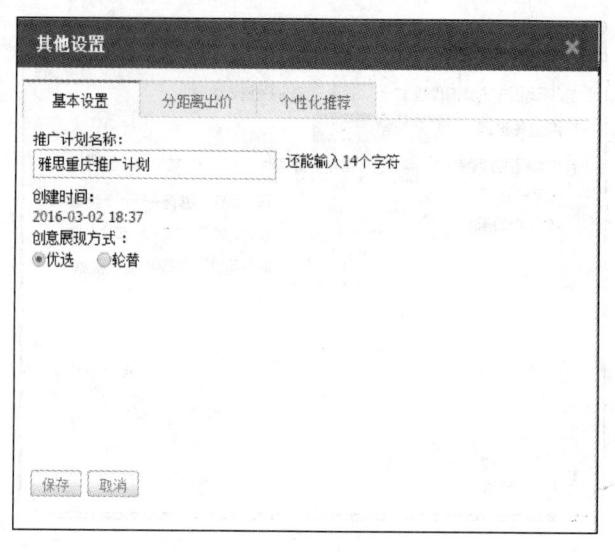

图 5-4

（3）设置"雅思重庆推广计划"IP 排除"201.38.65.100"和"201.38.65.200"，计划状态设置为"有效"。

①在"搜索推广"页面选择"工具中心"，如图 5-5 所示。

图 5-5

②选择"工具中心"的"商盾 2.0"，点击"使用"，进入商盾 2.0 界面，如图 5-6 所示。

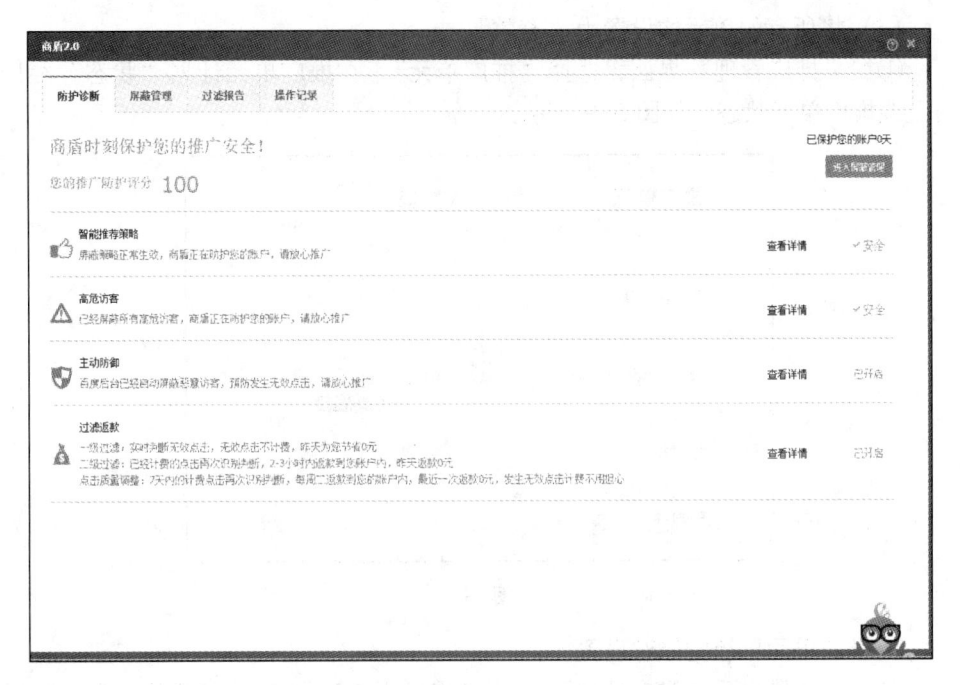

图 5-6

③在弹出的界面中点击"进入屏蔽管理",在所弹出的页面中选择"手动展现屏蔽",然后点击下方的"新增 IP 屏蔽",然后输入需要屏蔽的 IP 地址段,如图 5-7 所示。

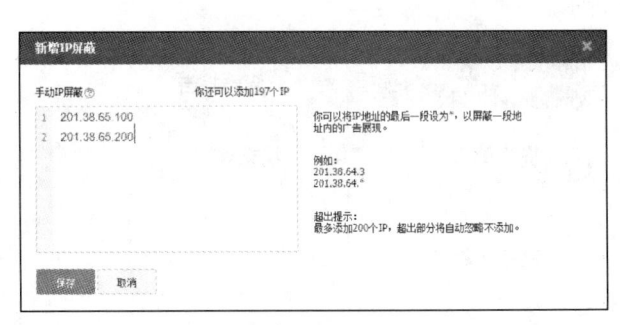

图 5-7

④设置完成后,点击"保存",即可完成 IP 屏蔽设置,并可以在"手动展现屏蔽"界面中查看,如图 5-8 所示。

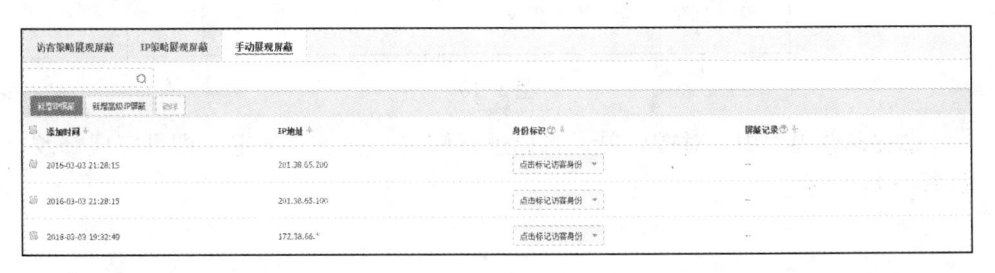

图 5-8

（4）将所有的单元均设置为"有效"。

①在"推广管理"界面，选择"推广单元"，在推广单元计划"状态"栏即可更改推广单元状态，如图5-9所示：

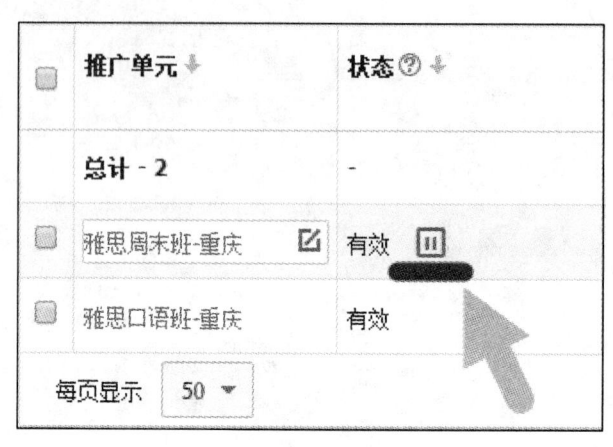

图 5-9

2. 推广单元层级的修改设置

（1）将"雅思重庆推广计划"内的"雅思周末班"单元名称修改为"雅思周末班-重庆"。

①点击"进入"，进入搜索推广界面；点击"推广管理"，进入推广管理界面；点击"推广单元"；点击"雅思周末班"名称；点击"修改"，进入修改界面，如图5-10所示。

图 5-10

②在修改界面中，对推广单元名称进行修改，点击"确定"即可完成修改，如图5-11所示。

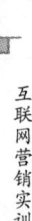

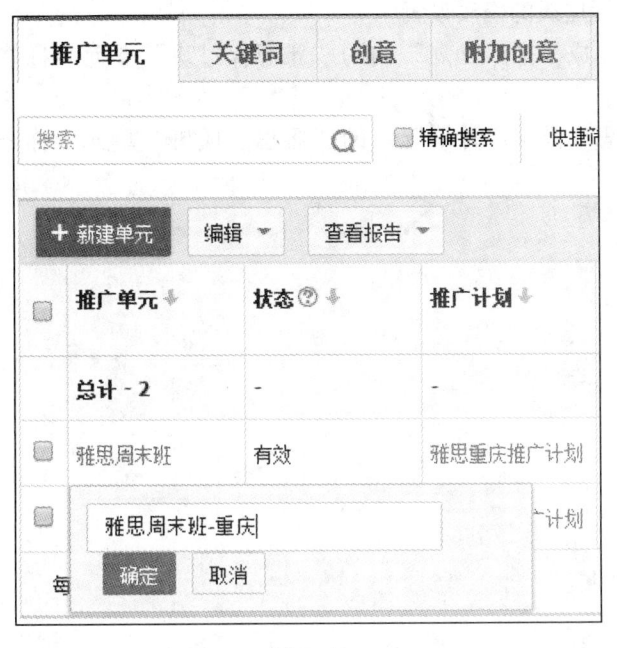

图 5-11

（2）将"雅思重庆推广计划"内的"雅思口语班"单元名称修改为"雅思口语班-重庆"。

①在"推广单元"界面，点击"雅思口语班"名称，点击"修改"，进入修改界面，进行修改，点击"确定"，即可完成修改。修改完成后，如图 5-12 所示：

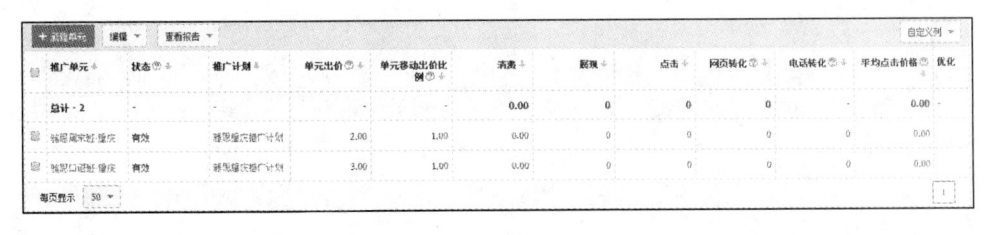

图 5-12

5.6 实验任务

1. 推广计划层级修改设置

（1）设置"成都推广计划"的"否定关键词"为"雅思教材"和"雅思光盘"。

（2）将"成都推广计划"推广计划名称修改为"雅思成都推广计划"，创意展现方式设置为"优选"。

（3）不设置"雅思成都推广计划"IP 排除，计划状态设置为"暂停推广"。

（4）将所有的单元均设置为"有效"。

2. 推广单元层级的修改设置

①将"雅思成都推广计划"内的"雅思保过班"单元名称修改为"雅思保过班-成都"。

②将"雅思成都推广计划"内的"雅思速成班"单元名称修改为"雅思速成班-成都"。

6 实验四：进阶训练（二）

6.1 实验目的

1. 熟悉对单元层级各内容的修改情况。
2. 熟悉掌握对推广单元层级出价的调整。
3. 熟练掌握设定精确否定关键词。
4. 熟练掌握关键词状态的调整。
5. 熟练掌握关键词出价的设置。
6. 熟练掌握关键词访问 URL 的设置。
7. 创意的修改。
8. 熟练掌握创意的修改和创意状态的调整（有效/暂停推广）。

6.2 客户基本信息

表1-4 客户基本信息

客户基本信息	公司营销目标	通过公司网站中各项培训产品的网络推广，提高网址的访问量并进一步形成订单
	公司名称	重庆雅思培训学校
	行业概况	已有的投放渠道 1. 传统渠道：在公交站广告牌、报刊、杂志做广告 2. 网络投放：通过网站展示广告（新浪网） 以往投放 SEM 经验 市场部对 SEM 没有任何经验，了解同行通过百度搜索推广效果不错，希望尝试搜索推广并获得较多的订单回报。 主要竞争对手 1. 重庆环球雅思学校 2. 四川外国语大学雅思培训
	公司规模	中型公司
	公司推广预算	每天3 000元
	受众目标	主要潜在客户：学生 潜在客户覆盖地区：北京、河北 潜在客户群可能上网搜索时段：重庆地区周一至周五11：00~22：00，周末全天 成都地区周一至周五17：00~20：00，周末10：00~22：00
	官网网址	edu.baidu.com

6.3　实验内容

在实验二的基础上，对推广账户和推广计划做了初步的设置，构建起了基础的推广计划，在经过一段时间的推广后，根据推广情况需要对推广单元层级、关键词层级、创意层级分别进行相应的修改。

6.4　实验要求

1. 推广单元层级的修改设置
（1）将"雅思口语班-重庆"单元层级出价从"3元"调整为"3.5元"。
（2）将"雅思保过班-成都"单元层级否定关键词设为"美容"，精确否定关键词为"雅思美容院"。

2. 关键词层级设置
（1）将"雅思口语班-重庆"单元中的两个关键词设置为"暂停推广"状态。
（2）将"雅思口语班-重庆"单元中的另两个关键词出价调整为"5.5元"。
（3）将"雅思口语班-重庆"单元中的调整过出价的这两个关键词调整为"短语匹配"。
（4）将"雅思口语班-重庆"单元中调整过出价的这两个关键词访问URL调整为"edu2.baidu.com"。

3. 创意层级设置
（1）将"雅思口语班-重庆"单元中的其中一个创意"描述1"中加入"8分以上学院送iPad"活动文字。
（2）将"雅思口语班-重庆"单元中的另一个创意设置为"暂停推广"。

6.5　实验步骤

1. 推广单元层级的修改设置
（1）将"雅思口语班-重庆"单元层级出价从"3元"调整为"3.5元"。
①在"推广管理"的"推广单元"界面，点击"单元出价"栏左侧的"修改"键，进入修改页面，如图6-1所示。

图 6-1

②在修改界面进行修改后，点击"确定"，即可完成修改，如图 6-2 所示。

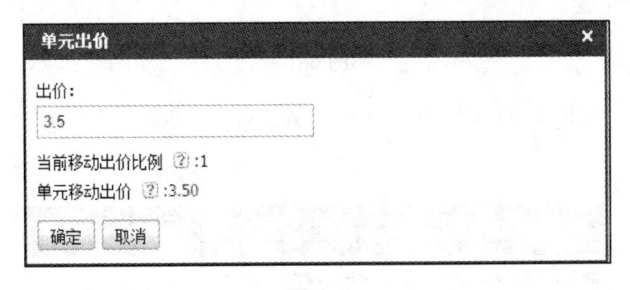

图 6-2

③修改后效果如图 6-3 所示。

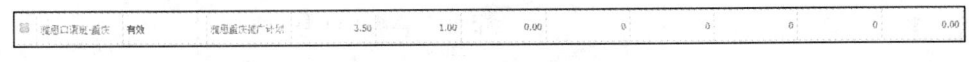

图 6-3

（2）将"雅思保过班-成都"单元层级否定关键词设为"美容"，精确否定关键词为"雅思美容院"。

①在"推广管理"界面，选择"雅思周末班-重庆"，在界面上方即可看到单元层级的设置，如图 6-4 所示。

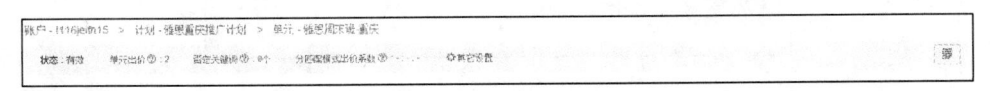

图 6-4

②选择"否点关键词"，进入否定关键词设置界面，选择"否点关键词"，进行设置后点击"确定"，即可完成修改，如图 6-5 所示。

图 6-5

③在设置"否定关键词"后,选择"精确否定关键词",进项设置,如图6-6所示。

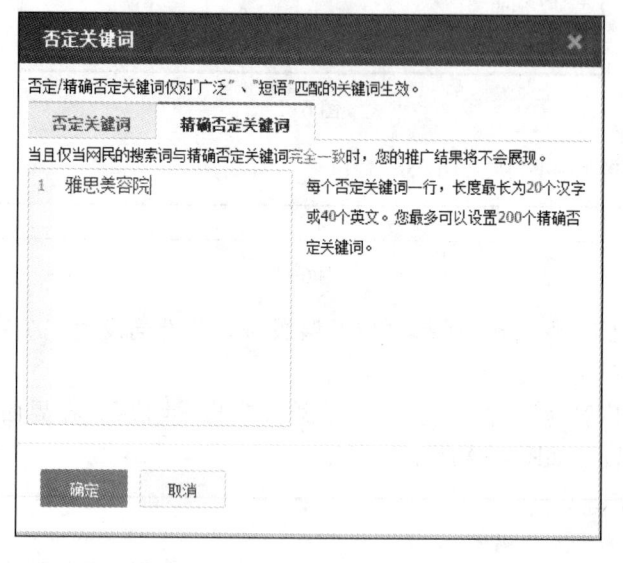

图 6-6

④完成设置后,点击"确定",即可完成修改,修改后效果如图 6-7 所示。

图 6-7

2. 关键词层级设置
(1) 将"雅思口语班-重庆"单元中的两个关键词设置为"暂停推广"

状态。

①在"推广管理"界面左侧的"账户"栏中选择"雅思重庆推广计划"下的"雅思口语班-重庆",进入关键词管理界面,如图6-8所示。

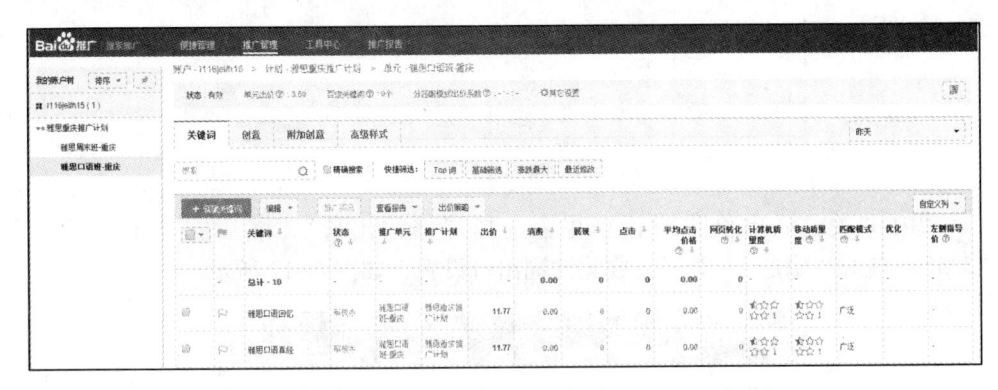

图 6-8

②在"关键词"状态一栏,即可对关键词的状态进行调整,如图6-9所示。

图 6-9

③点击暂停键,即可将关键词状态设置为"暂停推广",如图6-10所示。

图 6-10

(2) 将"雅思口语班-重庆"单元中的另两个关键词出价调整为"5.5元"。

①关键词管理界面下,在关键词"出价"一栏,点击左侧的"修改"键,即可进入关键词出价调整界面,如图6-11所示。

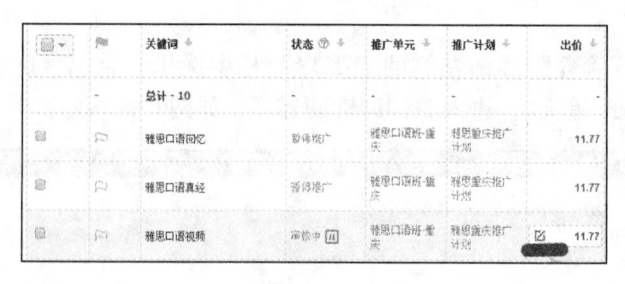

图 6-11

②在"关键词出价"对话框中,选择"修改出价",然后在其下侧输入"5.5",点击"确定",即可完成关键词出价设置,如图 6-12 所示。

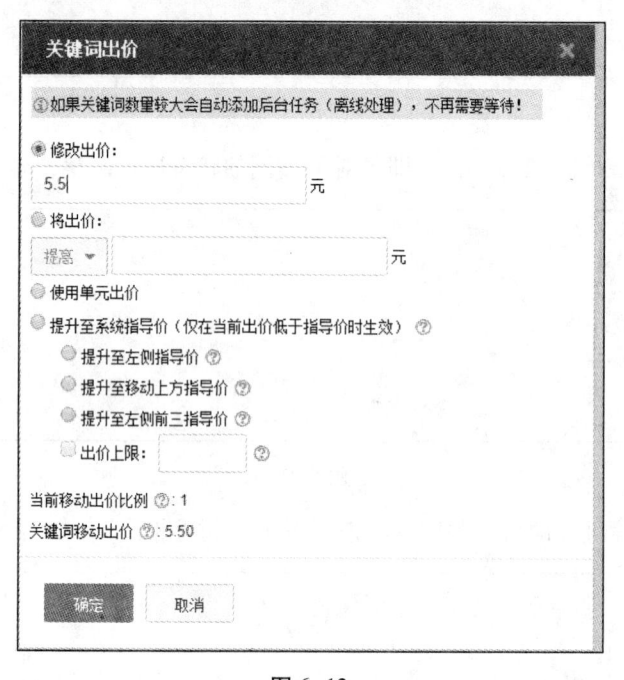

图 6-12

③完成两个关键词的出价修改后,即可在关键词界面看到修改后的效果,如图 6-13 所示。

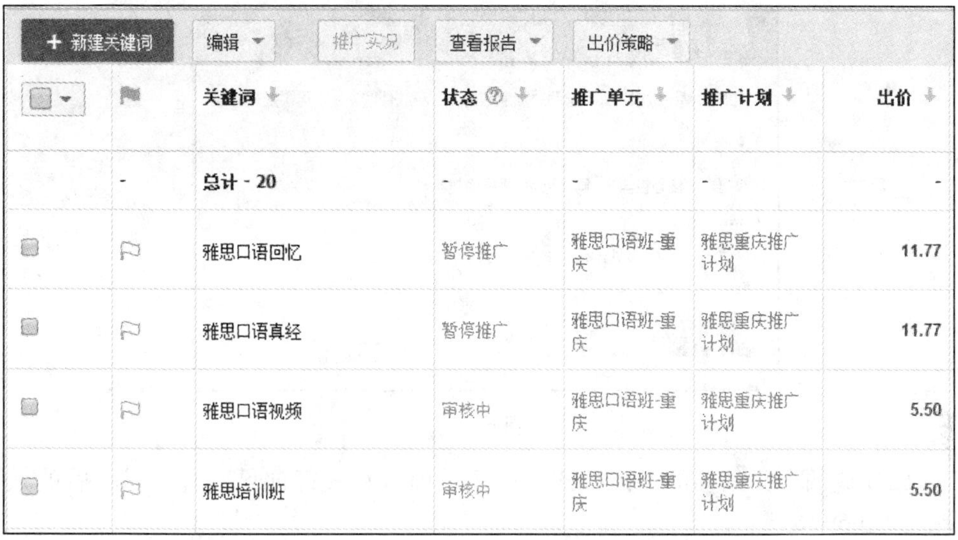

		关键词 ↓	状态 ? ↓	推广单元 ↓	推广计划 ↓	出价 ↓
	-	总计 - 20	-	-	-	-
☐	⚑	雅思口语回忆	暂停推广	雅思口语班-重庆	雅思重庆推广计划	11.77
☐	⚑	雅思口语真经	暂停推广	雅思口语班-重庆	雅思重庆推广计划	11.77
☐	⚑	雅思口语视频	审核中	雅思口语班-重庆	雅思重庆推广计划	5.50
☐	⚑	雅思培训班	审核中	雅思口语班-重庆	雅思重庆推广计划	5.50

图 6-13

（3）将"雅思口语班-重庆"单元中的调整过出价的这两个关键词调整为"短语匹配"。

①在推广管理的关键词界面找到修改出价的关键词，在关键词的"匹配模式"栏点击"修改"，如图 6-14 所示。

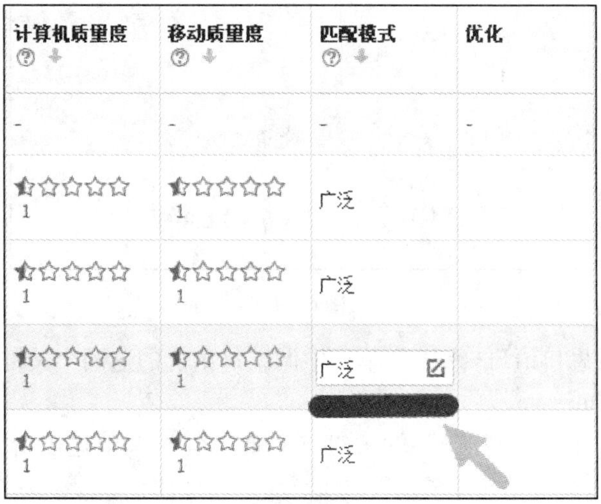

图 6-14

②在进入匹配模式对话框后，选择"短语"，即可将关键词的匹配模行修改为"短语匹配"，如图 6-15 所示。

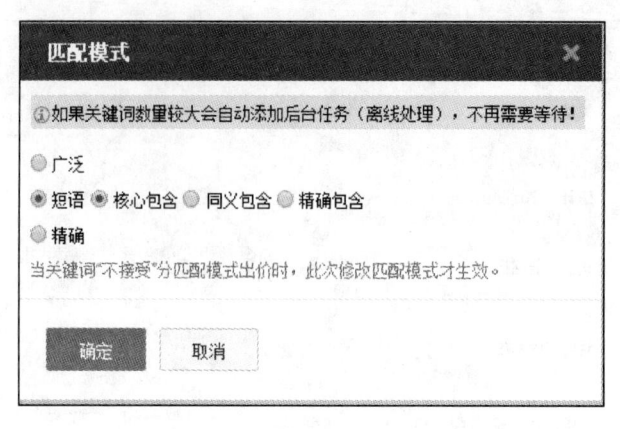

图 6-15

③完成两个关键词的匹配模式修改后，即可在关键词界面看到修改后的效果，如图 6-16 所示。

图 6-16

（4）将"雅思口语班-重庆"单元中调整过出价的这两个关键词访问 URL 调整为"edu2.baidu.com"。

①在"雅思口语班-重庆"的关键词界面，勾选调整过出价的两个关键词，如图 6-17 所示。

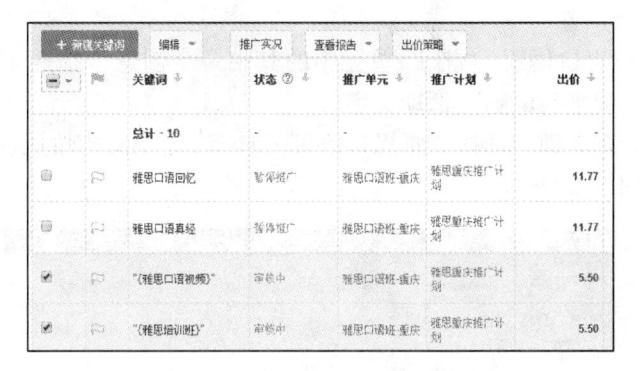

图 6-17

②在勾选关键词后，点击上方的"编辑"，并选择"修改访问 URL"，如图 6-18 所示。

图 6-18

③选择"修改访问 URL"后，即可进入"访问 URL"修改界面，在修改界面的"URL"栏中输入需要调整的网址，点击"确定"，即可完成设置，如图 6-19 所示。

图 6-19

3. 创意层级设置

（1）将"雅思口语班-重庆"单元中的其中一个创意"描述 1"中加入"8 分以上学院送苹果平板电脑"活动文字。

①在推广管理界面，选择"雅思口语班-重庆"，点击右侧的创意，进入创意管理界面，如图 6-20 所示。

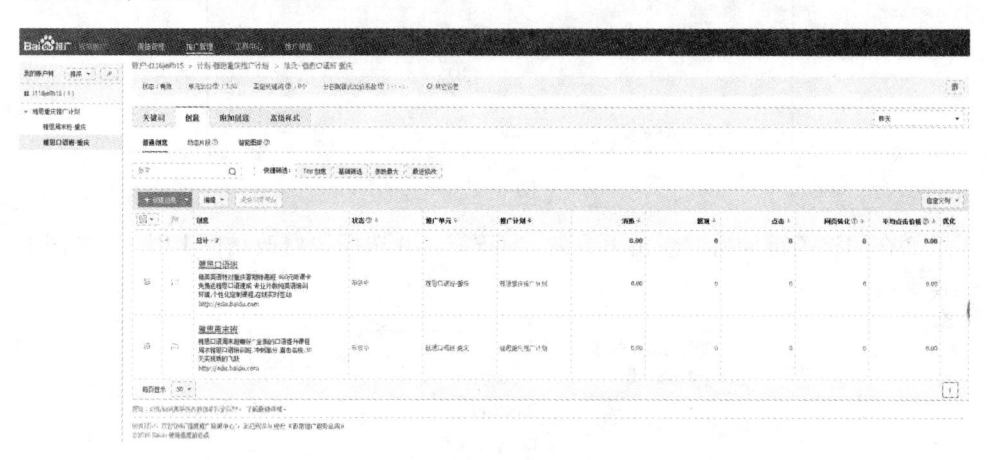

图 6-20

②选择一个创意，点击"创意"栏中的修改，进入"编辑创意"界面，如图 6-21 所示。

图 6-21

③在"编辑创意"界面中的"描述 1"中，加入相关内容，点击"确定"，即可完成修改，如图 6-22 所示。

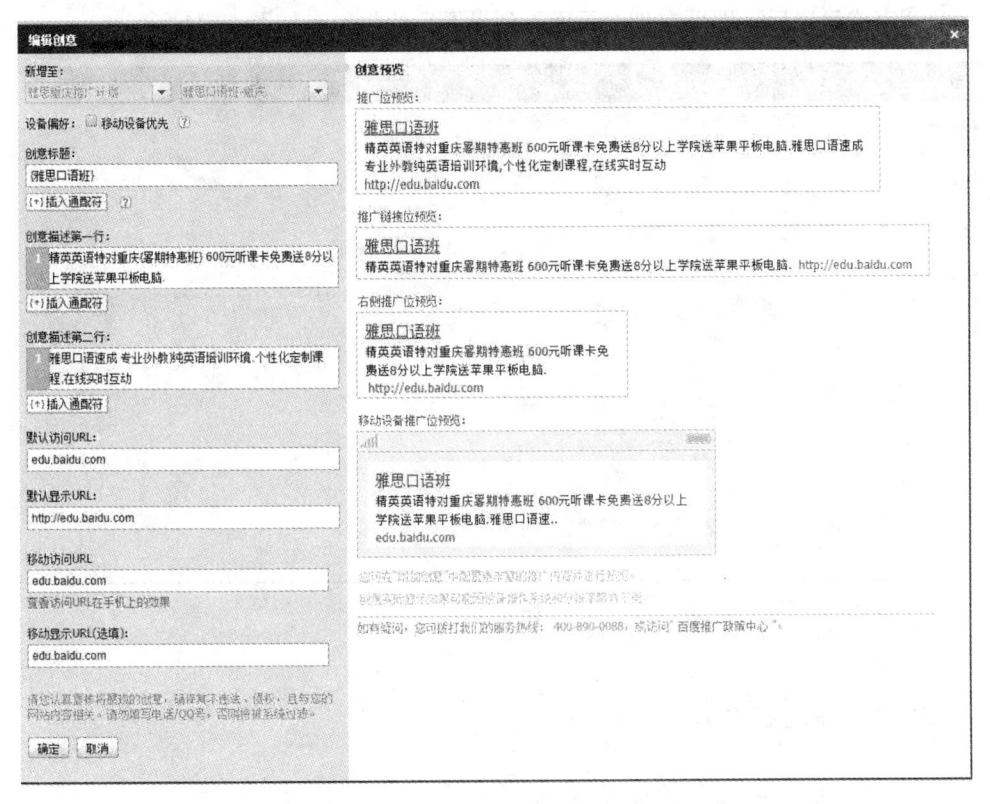

图 6-22

（2）将"雅思口语班-重庆"单元中的另一个创意设置为"暂停推广"。

①在推广管理界面，选择"雅思口语班-重庆"，点击另一个创意右侧的创意状态栏中的"暂停推广"，即可使得创意暂停推广，如图 6-23 所示。

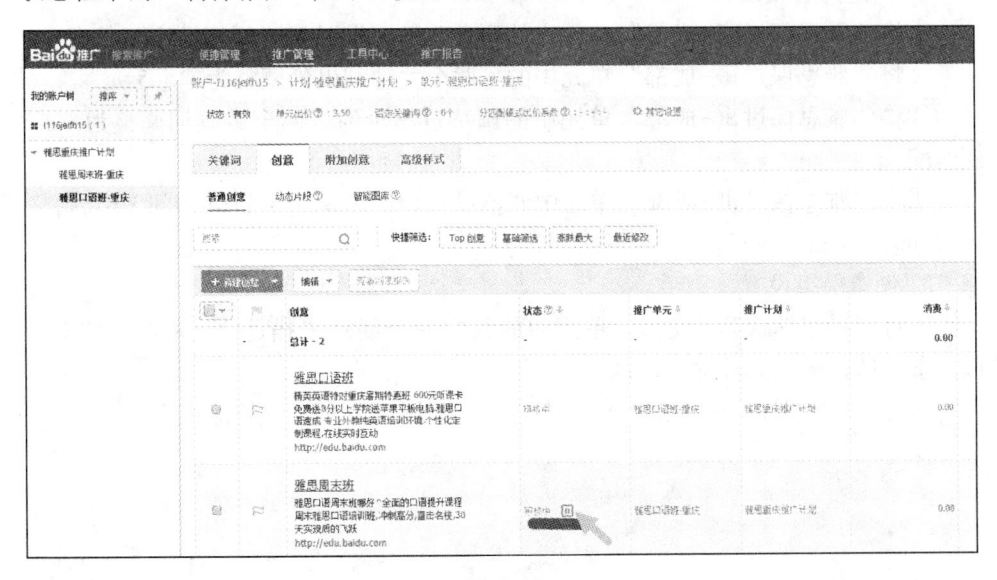

图 6-23

②完成设置后，即可在创意界面看到设置后的效果。如图6-24所示。

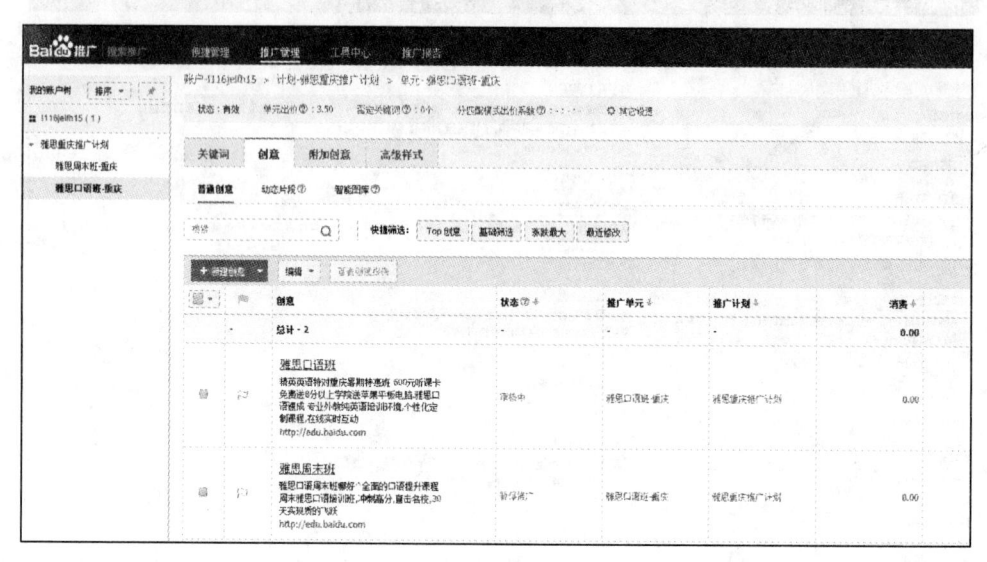

图 6-24

6.6 实验任务

1. 推广单元层级的修改设置

①将"雅思保过班-成都"单元层级出价从"3元"调整为"3.5元"。

②将"雅思保过班-成都"单元层级否定关键词设为"旅游"，精确否定关键词为"雅思夏令营"。

2. 关键词层级设置

①将"雅思保过班-成都"单元中的两个关键词设置为"暂停推广"状态。

②将"雅思保过班-成都"单元中的另两个关键词出价调整为"5.5元"。

③将"雅思保过班-成都"单元中的调整过出价的这两个关键词调整为"广泛匹配"。

④将"雅思保过班-成都"单元中调整过出价的这两个关键词访问URL调整为"edu3.baidu.com"。

3. 创意层级设置

①将"雅思速成班-成都"单元中的其中一个创意"描述2"中加入"8分以上学院送九寨沟三日游"活动文字。

②将"雅思保过班-成都"单元中的另一个创意设置为"暂停推广"。

案例篇

7 案例一：手机在北京和天津的推广

7.1 客户基本信息

1. 公司名称：FY 手机
2. 受众目标

主要潜在客户：商务人士、青年大众

潜在客户覆盖地区：北京、天津

潜在客户可能上网搜索时段：全天

3. 公司推广预算：每天 4 000 元
4. 官方网址：fyshouji.baidu.com.

7.2 搜索推广操作

任务概述：FY 手机刚刚开通了百度搜索推广账户，目前账户还没有建立推广方案，请根据客户基本信息，建立账户结构（新建计划、单元）、提交关键词和创意。

7.2.1 建立账户结构

1. 新建计划一："北京推广计划"

（1）新建推广计划：输入推广计划名称"北京推广计划"→选择创意展现方式"优选"→设置推广地域"北京"。

①打开试验系统进入"推广管理"，如图 7-1 所示。

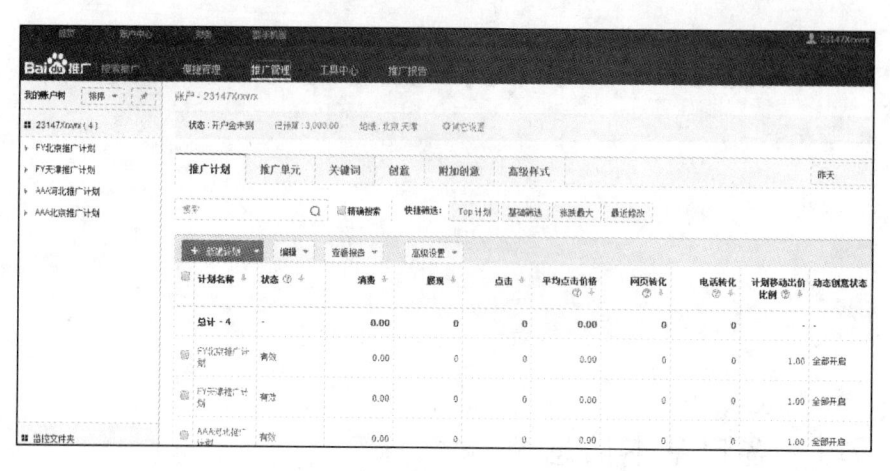

图 7-1

②点击"新建计划"进入如下界面,并输入新计划相关信息,如图 7-2、图 7-3 所示。

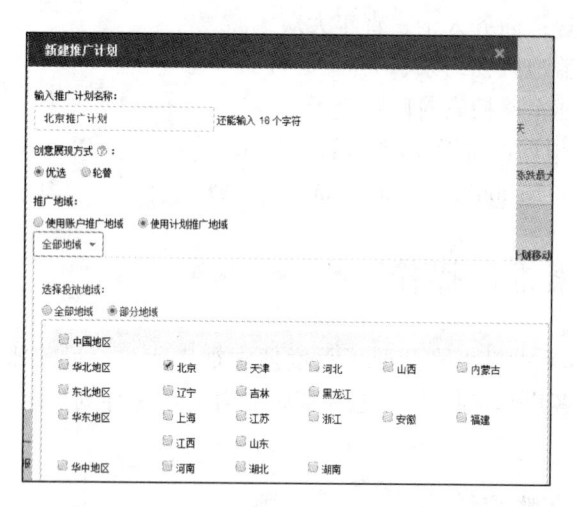

图 7-2

图 7-3

③设置完相关信息,点击"确定",即可在主界面查看到新建的计划项目,如图 7-4 所示。

图 7-4

(2) 新建推广单元:选择目标计划名"北京推广计划"→输入单元名称"时尚手机"→设置单元出价"2 元"。

①点击"北京推广计划"进入如图 7-5 所示的设置页面。

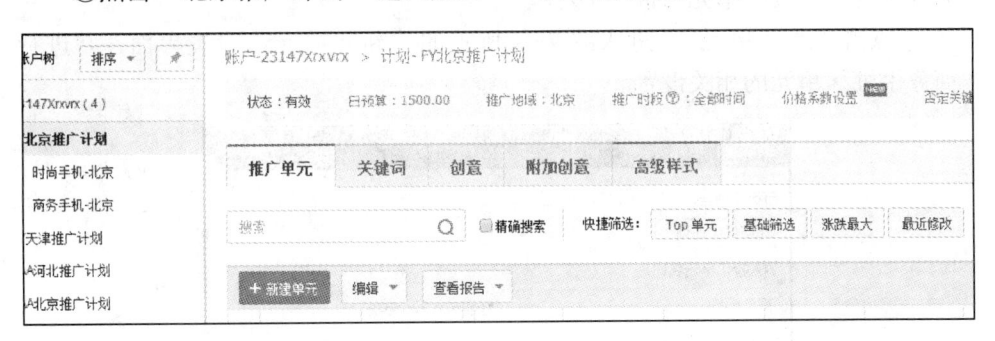

图 7-5

②点击"新建单元",进入如图 7-6 所示的"新建单元"设置界面,并进行"时尚手机"单元的相关设置。

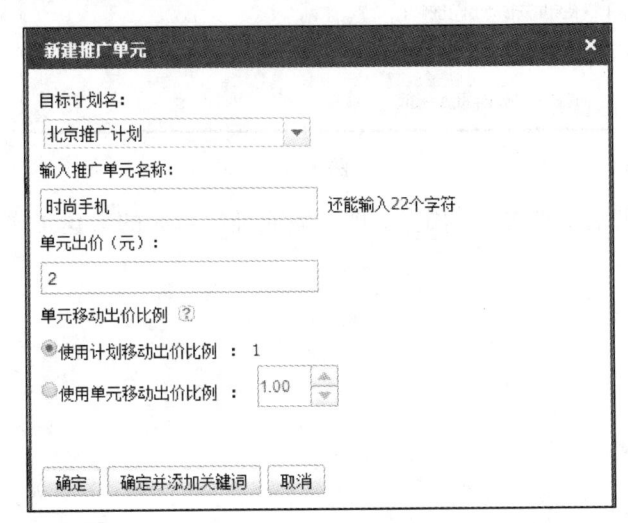

图 7-6

③完成设置后,点击"确定",即可完成推广单元的新建工作,显示结果如图 7-7 所示。

	推广单元	状态	推广计划	单元出价	单元移动出价比例	消费	展现	点击	网页转化	电话转化	平均点击价格	优化
	总计 - 1	-	-	-	-	0.00	0	0	0	0	0.00	-
	时尚手机	有效	北京推广计划	2.00	1.00	0.00	0	0	0	0	0.00	

图 7-7

（3）新建推广单元：选择目标计划名"北京推广计划"→输入单元名称"商务手机"→设置单元出价"3元"。

①点击"新建单元"，进入图 7-8 所示的"新建单元"设置界面，并进行"商务手机"单元的相关设置。

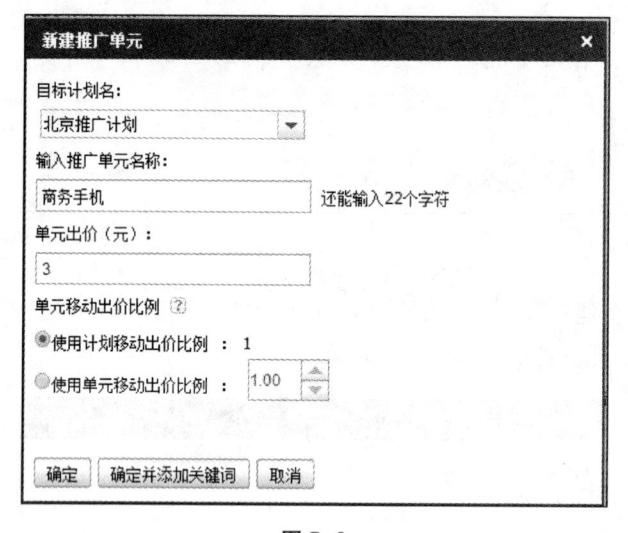

图 7-8

②完成设置后，点击"确定"，即可完成推广单元的新建工作，显示结果如图 7-9 所示。

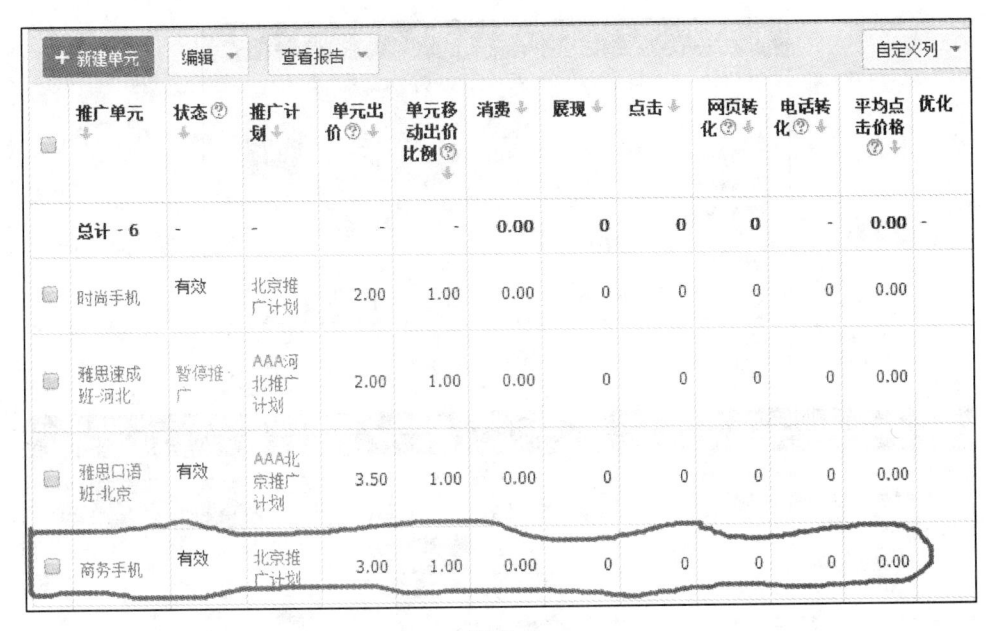

图 7-9

7.2.2 添加关键词

1. 在"时尚手机"单元中添加10个与"时尚手机"相关的关键词，全部设置为广泛匹配。

（1）点击"时尚手机"进入图7-10所示的设置页面。

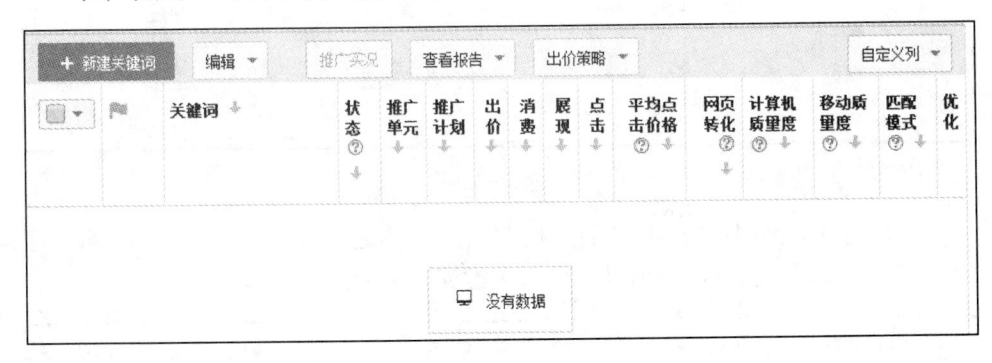

图 7-10

（2）点击"新建关键词"，进入图7-11所示的"关键词规划师"界面，输入"时尚手机"点击"搜索"，如图7-12所示。

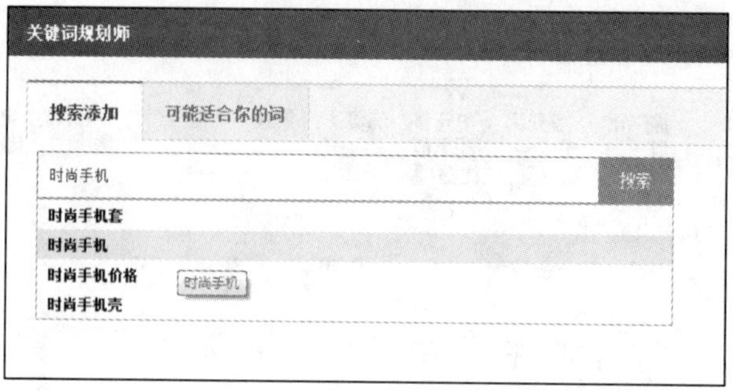

图 7-11

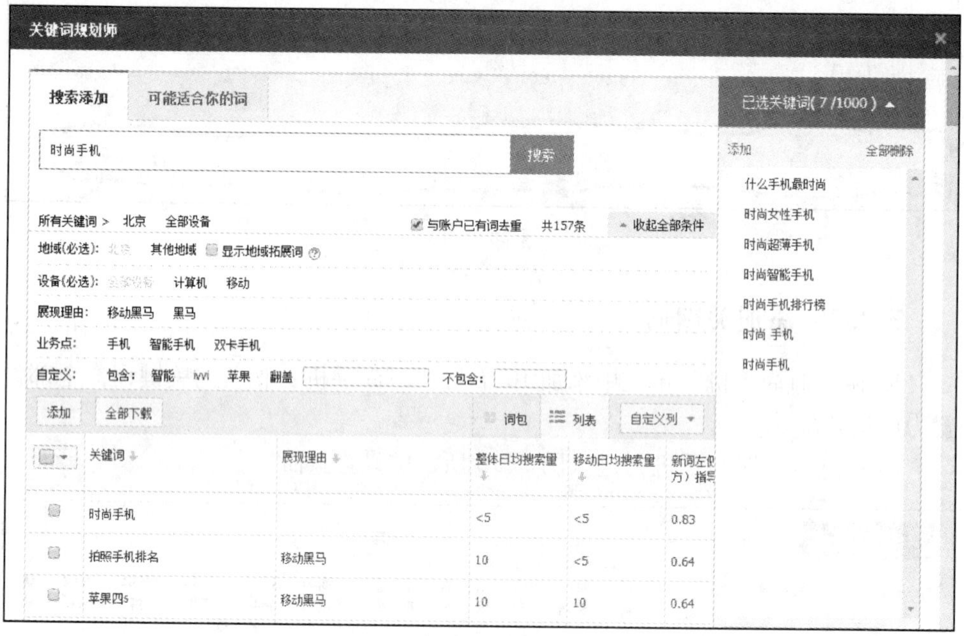

图 7-12

（3）勾选关键词，"最时尚的手机"勾选完毕之后，点击图 7-13 中的"添加"按钮，即可将关键词添加进"已选关键词"一栏。

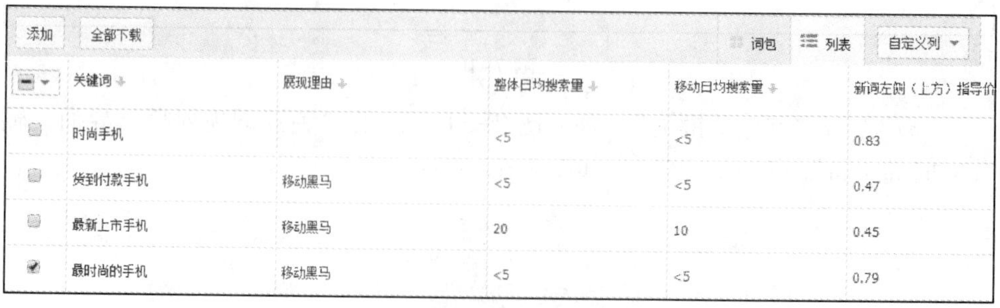

图 7-13

（4）点击图 7-14 中的"快速保存"即可完成关键词添加。关键词保存成功后，可选择继续选词或去推广管理页面，如图 7-15 所示。

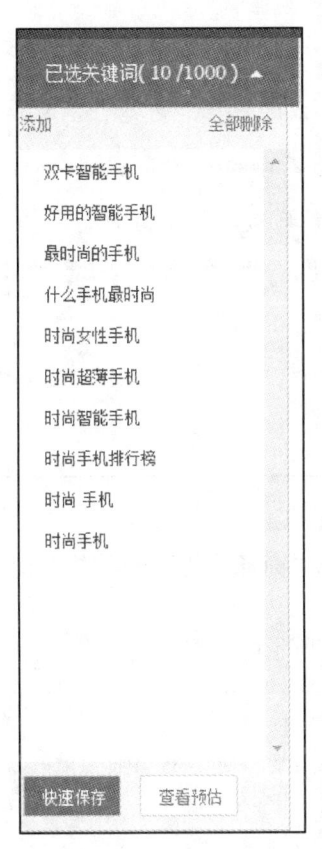

图 7-14

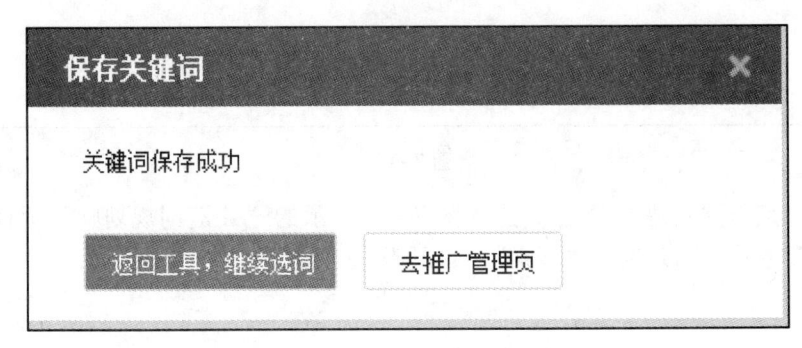

图 7-15

（5）添加完成之后主界面的显示效果如图 7-16 所示。

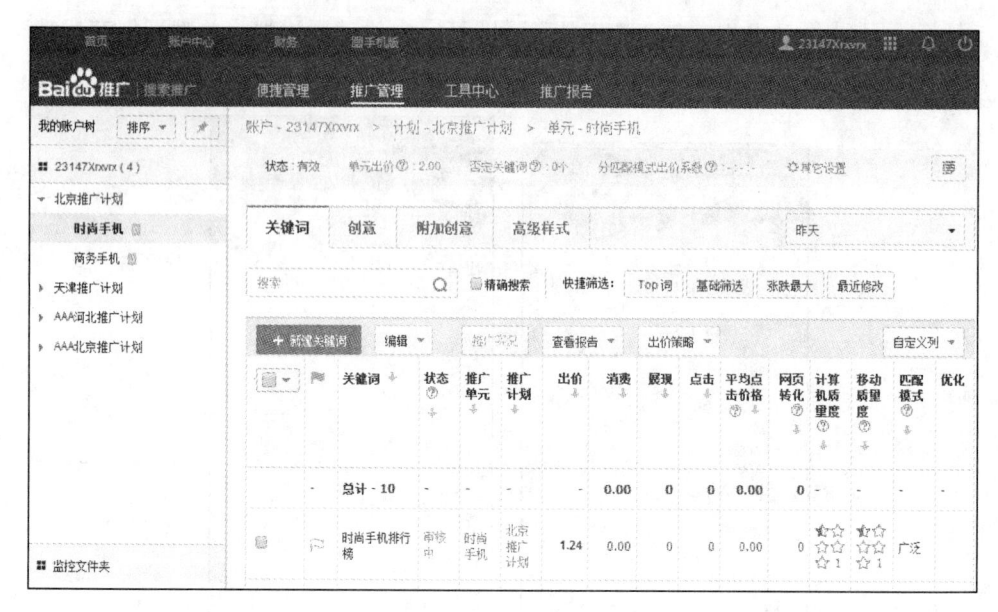

图 7-16

2. 在"商务手机"单元中添加 10 个"商务手机"相关的关键词，全部设置为短语匹配。

（1）点击"商务手机"进入图 7-17 所示的设置页面。

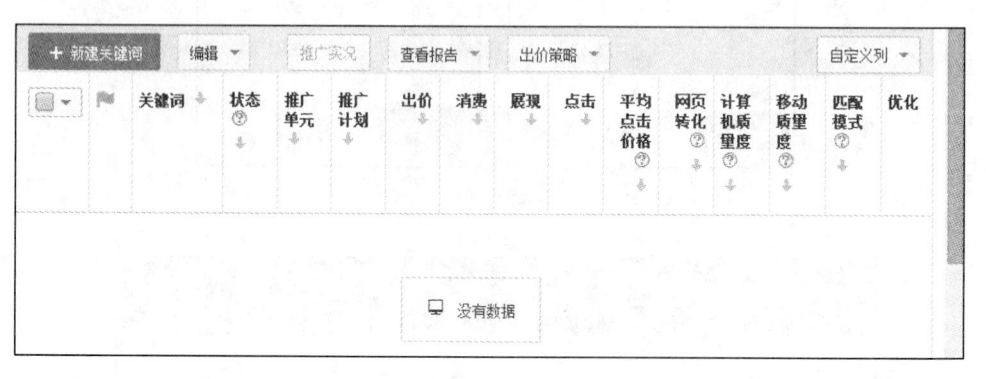

图 7-17

（2）点击"新建关键词"，进入图 7-18 所示的"关键词规划师"界面，再输入"商务手机"并点击"搜索"，如图 7-19 所示。

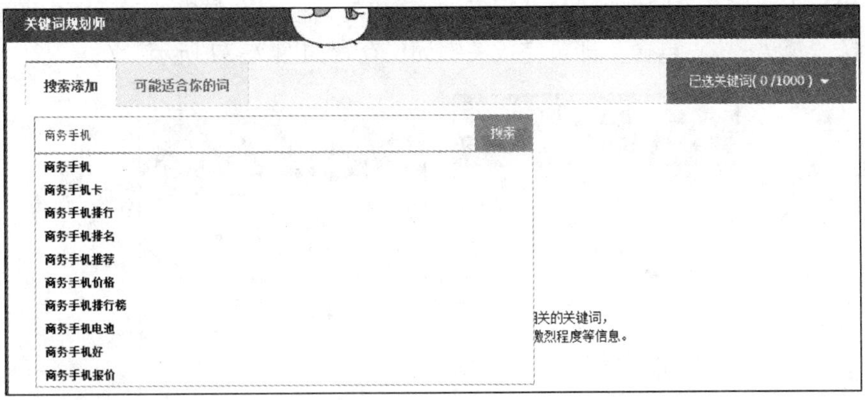

图 7-18

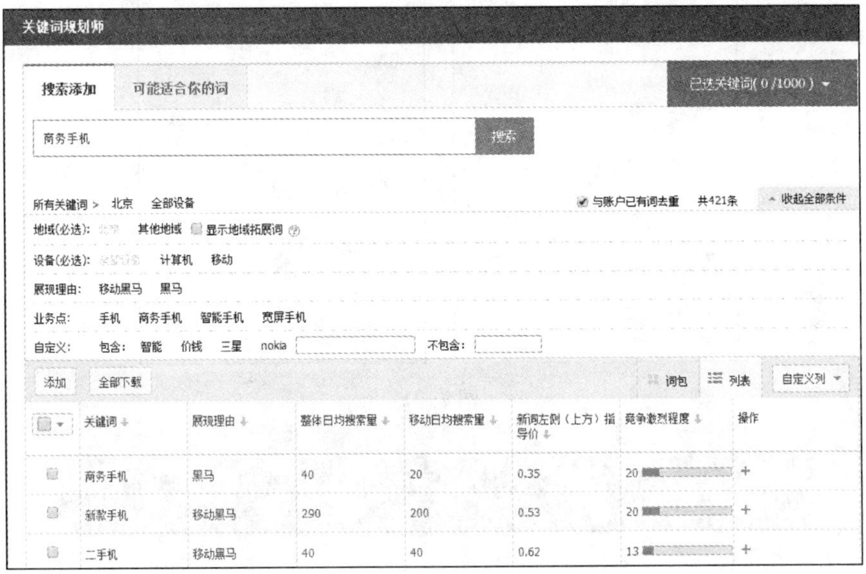

图 7-19

（3）勾选关键词，勾选完毕之后，点击图 7-20 中的"添加"按钮，即可将关键词添加进"已选关键词"一栏。

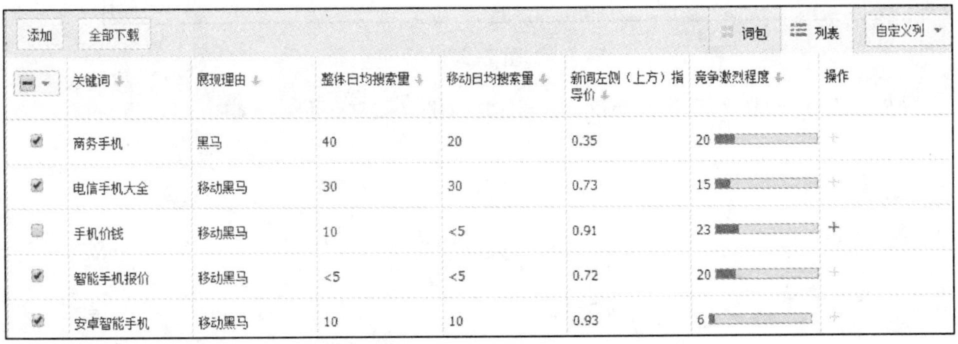

图 7-20

（4）点击图7-21中的"快速保存"，弹出对话框，在弹出的对话框中匹配模式选择"短语-核心包含"即可完成关键词保存，如图7-22所示。

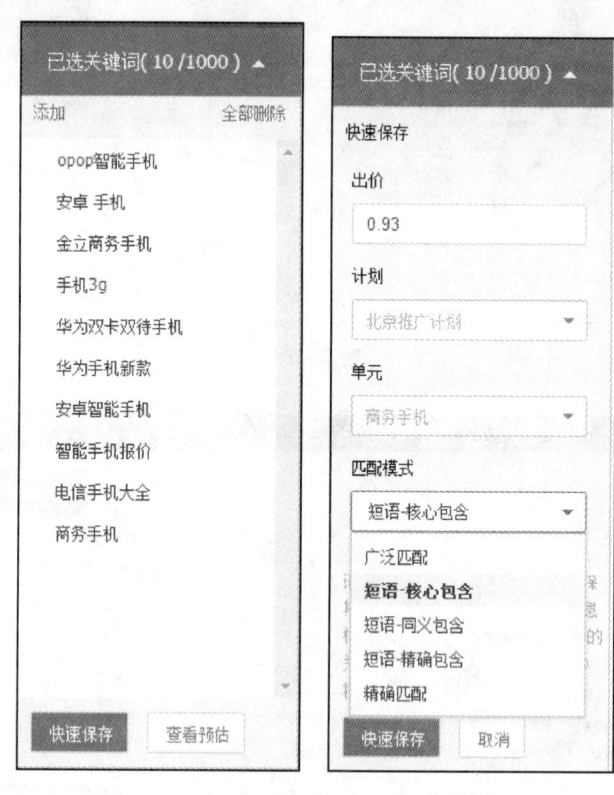

图 7-21

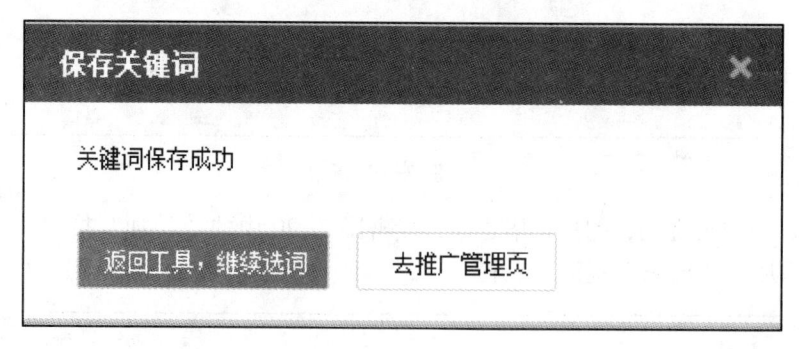

图 7-22

（5）添加完成之后主界面的显示效果如图7-23所示。

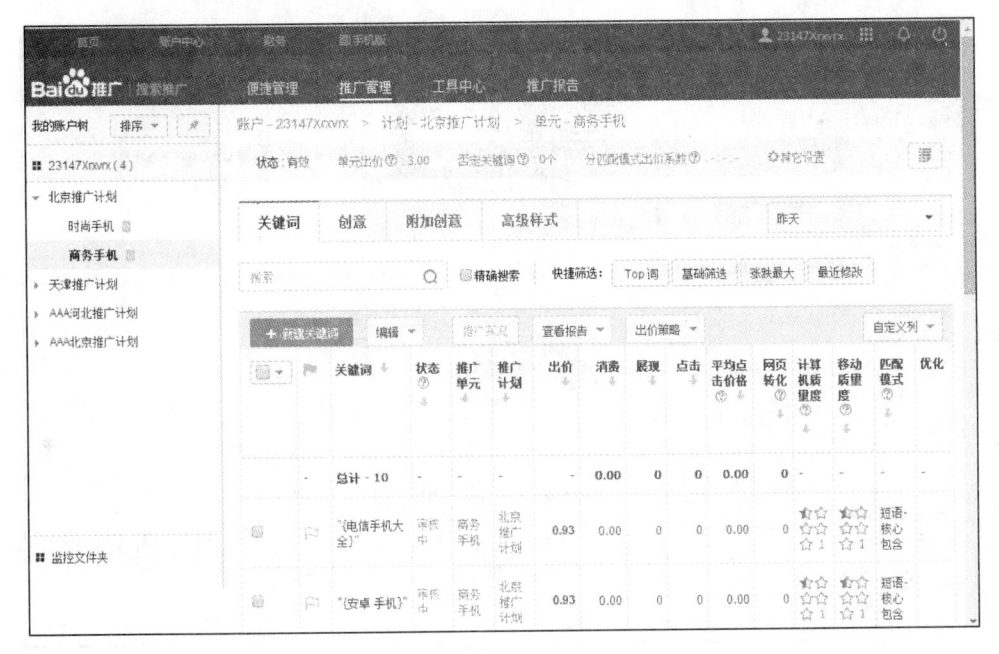

图 7-23

7.2.3 新增创意

1. 在"时尚手机"单元中新增两条以上与"时尚手机"相关的创意。

(1) 点击"时尚手机"进入时尚手机单元界面,如图 7-24 所示。

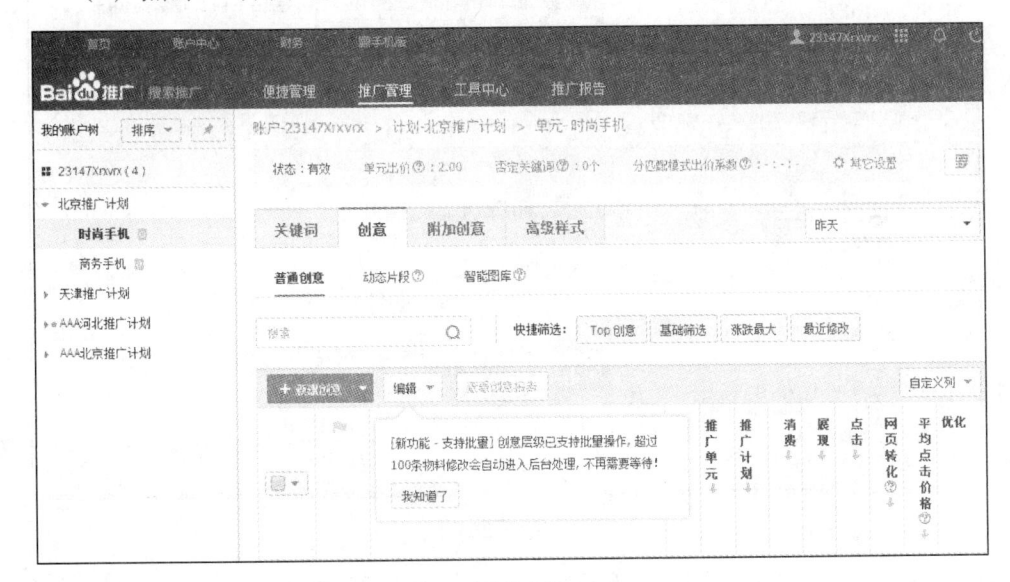

图 7-24

(2) 点击上图中的"新建创意"进入创意编辑界面,完成创意编辑,如图 7-25、图 7-26 所示。

图 7-25

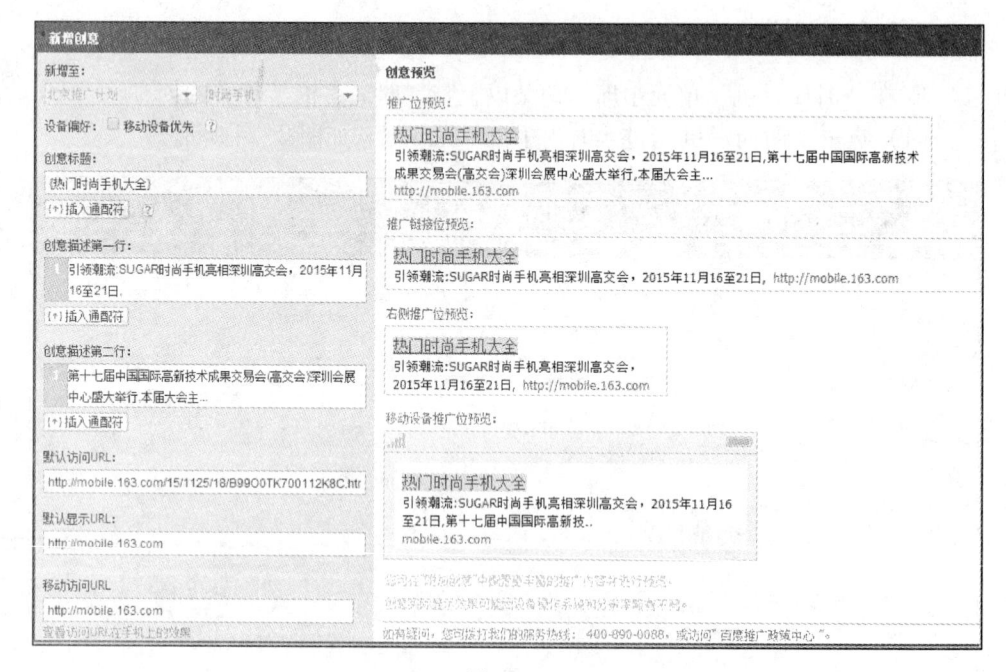

图 7-26

（3）点击"确定"即可查看新增创意，如图 7-27 所示。

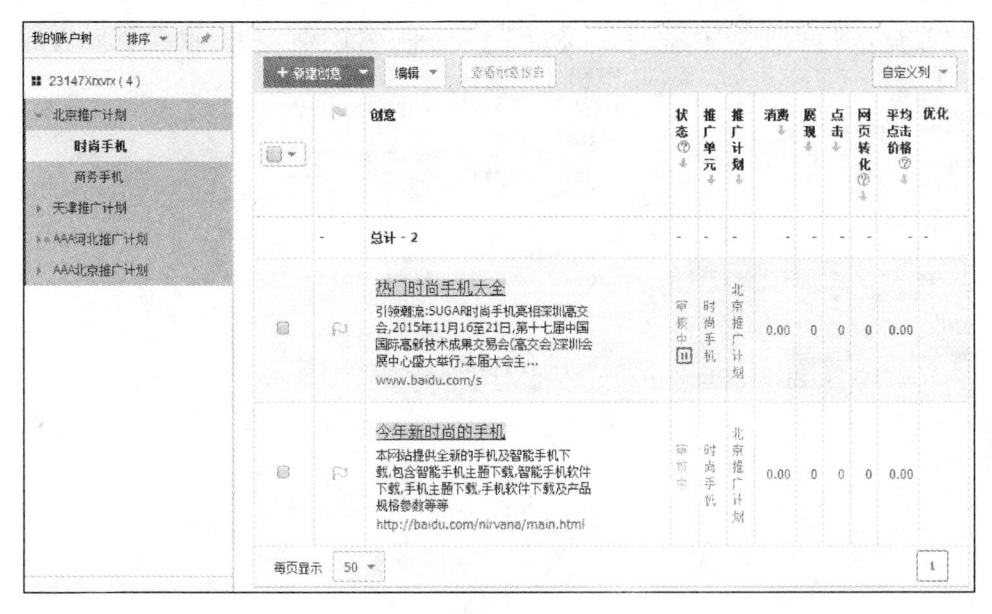

图 7-27

2. 在"商务手机"单元中新增两条以上与"商务手机"相关的创意。
(1) 点击"商务手机",进入商务手机单元界面,如图 7-28 所示。

图 7-28

(2) 点击图 7-28 中的"新建创意",进入创意编辑界面,完成创意编辑,如图 7-29、图 7-30 所示。

图 7-29

图 7-30

（3）点击"确定"即可查看新增创意，如图 7-31 所示。

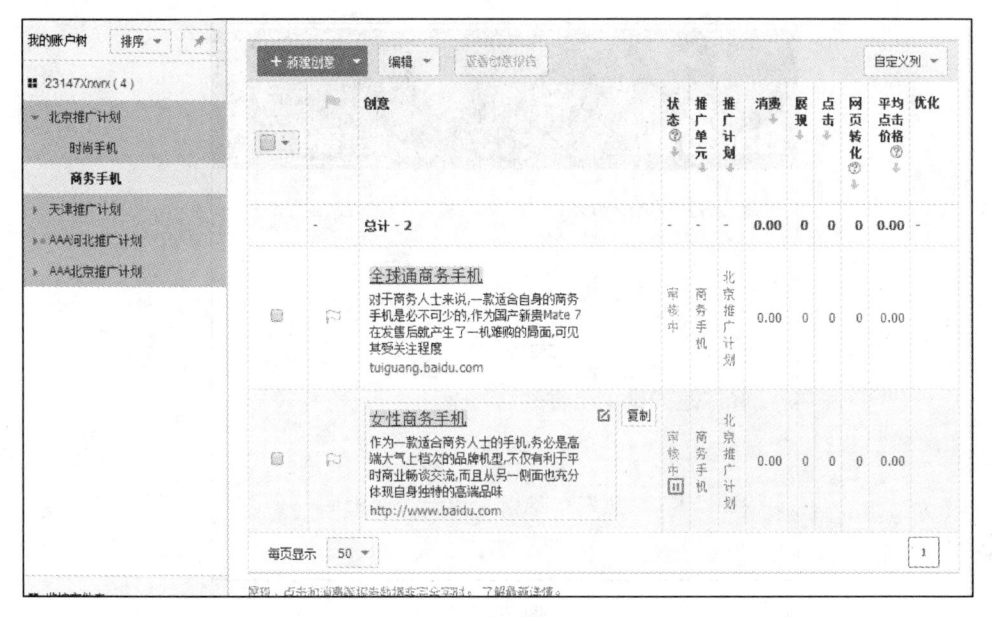

图 7-31

7.3 各层级设置

任务概述:"FY 手机"已经搭建起了推广方案的账户结构,并提交了关键词、撰写了创意。为了完成整个方案制作,还要根据企业的推广需要对账户的各层级进行设置。

7.3.1 账户层级设置

1. 设置账户层级日预算为 "3 000 元"
(1) 设置前,如图 7-32 所示。

图 7-32

（2）点击图 7-32 中"日预算"右侧的"修改"按钮进行日预算修改，如图 7-33 所示。

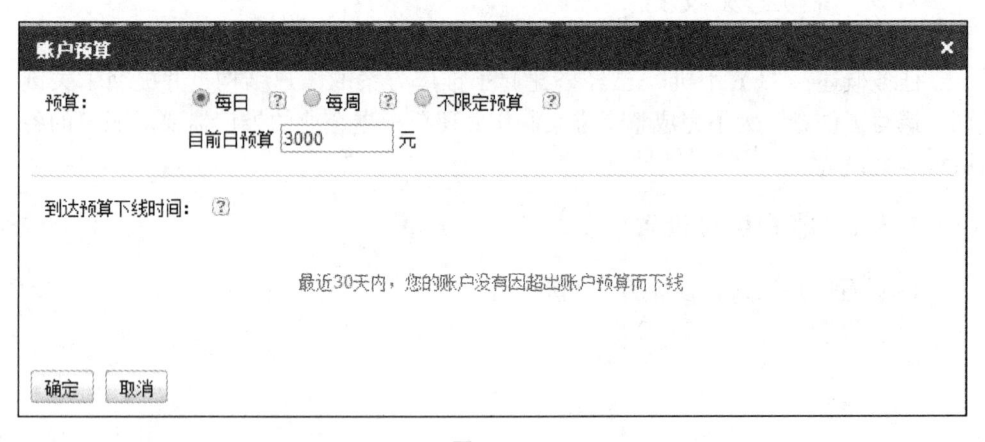

图 7-33

2. 设置账户层级推广地域为"北京"和"天津"
（1）推广地域修改并保存，如图 7-34、图 7-35 所示。

图 7-34

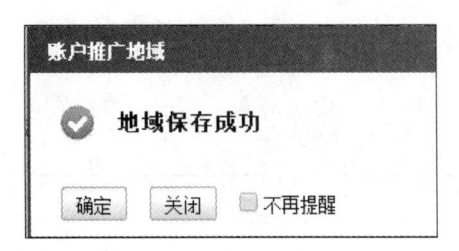

图 7-35

（2）修改保存完成，如图 7-36 所示。

图 7-36

7.3.2 推广计划层级设置

1. "北京推广计划"层级设置,图7-37为设置前的显示界面。

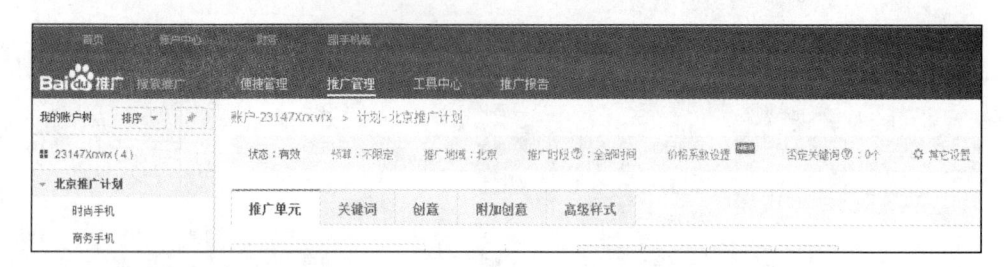

图 7-37

①如图7-38所示,设置日预算:设置"北京推广计划"日预算为"1 500元"。

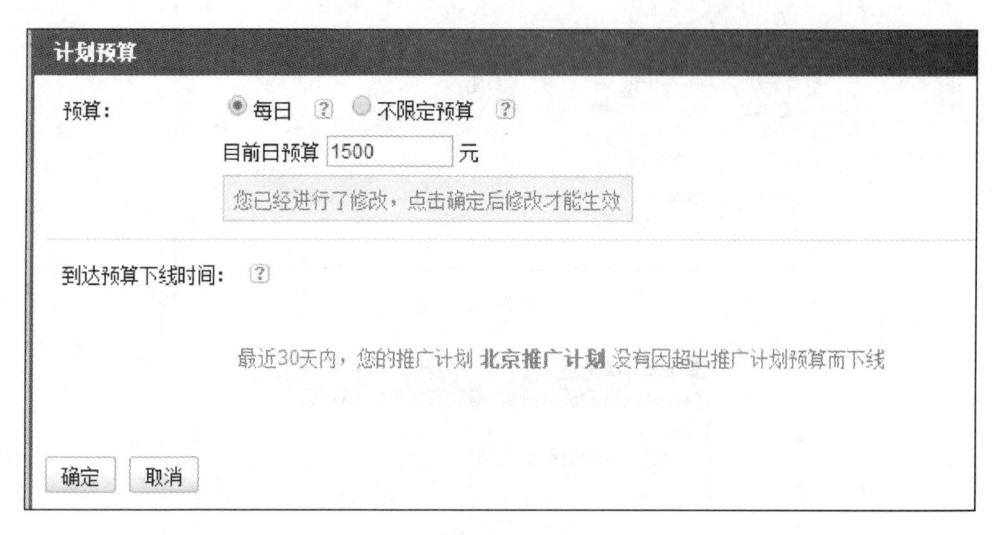

图 7-38

②如图7-39所示,设置推广地域:设置"北京推广计划"推广地域为"北京"。

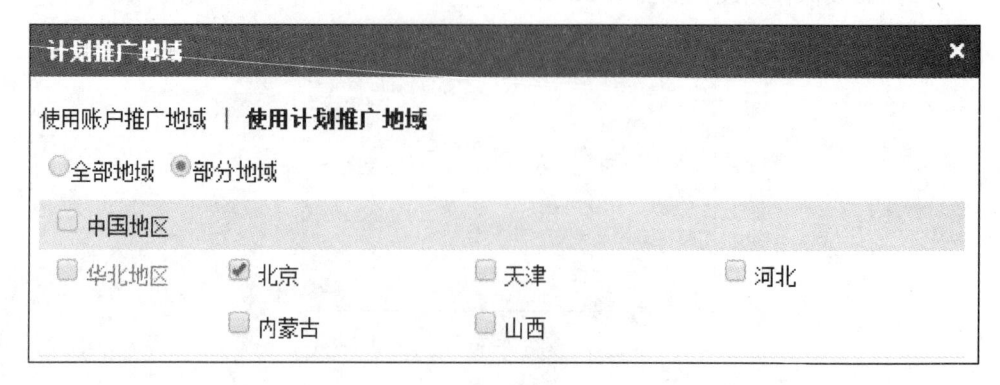

图 7-39

③如图7-40所示,设置推广时段:设置"北京推广计划"推广时段为"全天"。

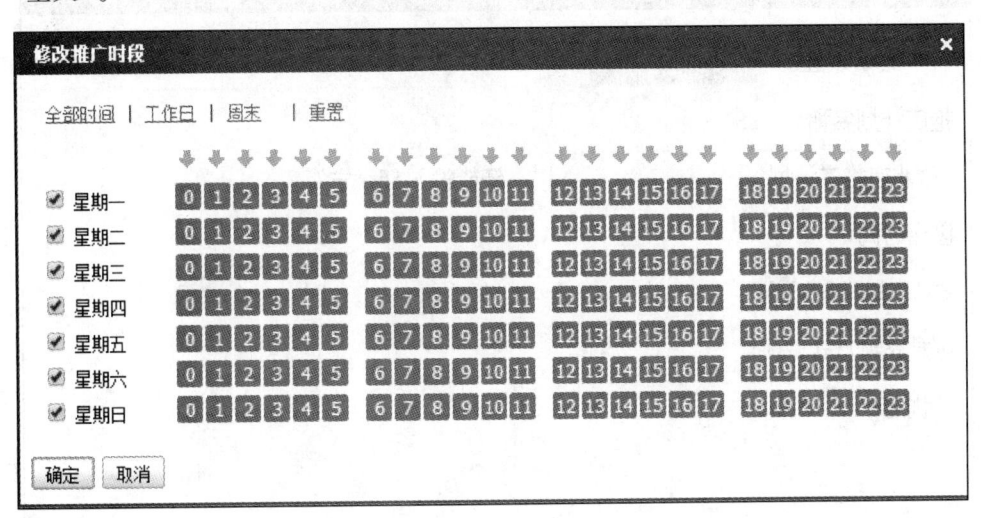

图7-40

④如图7-41所示,设置否定关键词:设置"北京推广计划"否定关键词为"服饰"。

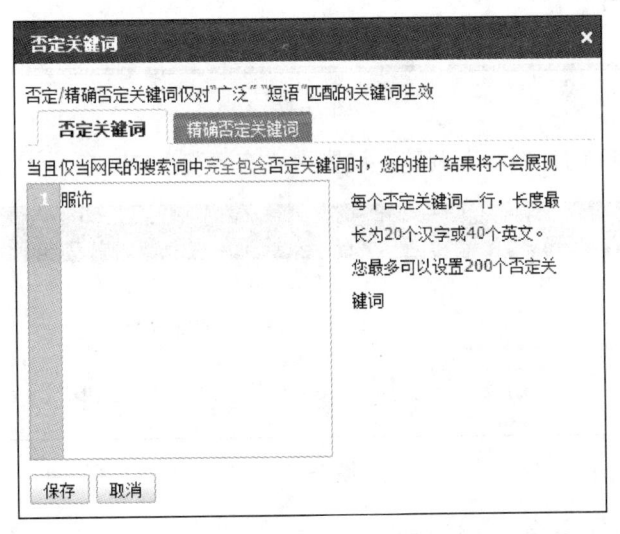

图7-41

⑤如图7-42所示的其他设置:将"北京推广计划"推广计划名称修改为"FY北京推广计划",将创意展现方式设置为"优选"。

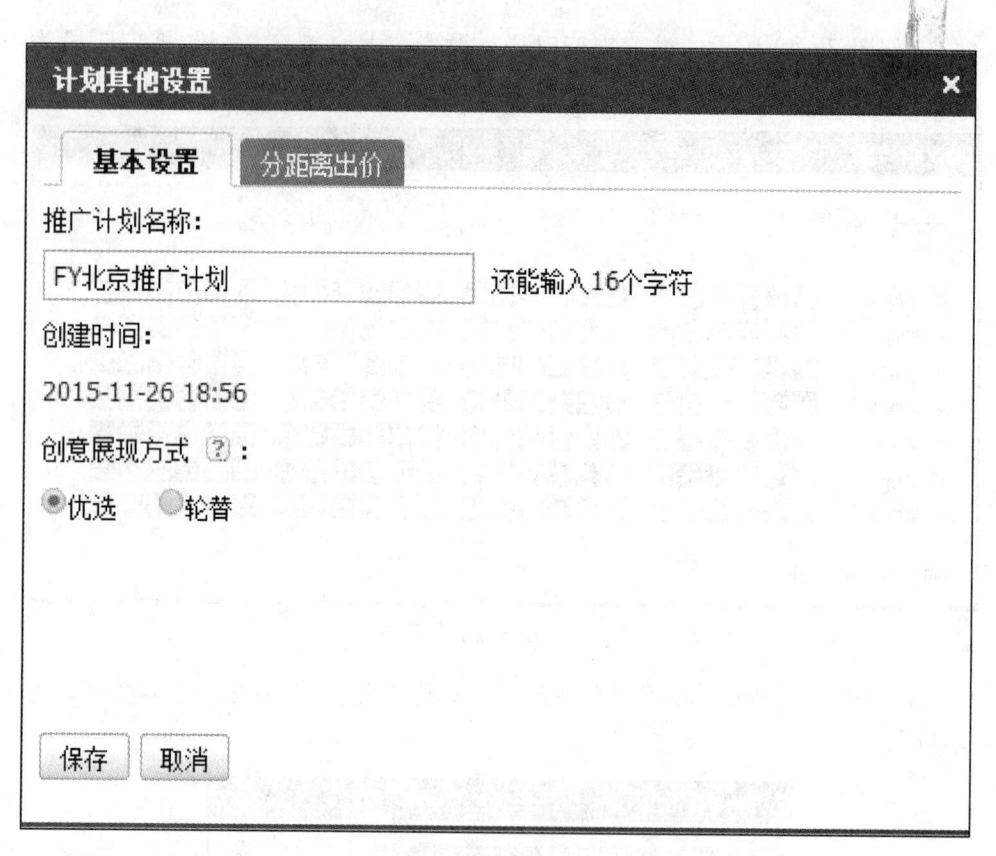

图 7-42

⑥如图 7-43 的计划状态调整：设置为"有效"。

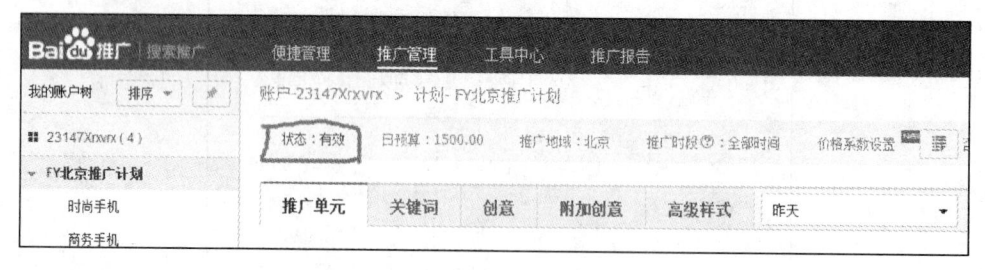

图 7-43

7.3.3 推广单元层级设置

1. 修改推广单元名称

（1）将"FY 北京推广计划"内的"商务手机"单元名称修改为"商务手机-北京"。如图 7-44、图 7-45 所示。

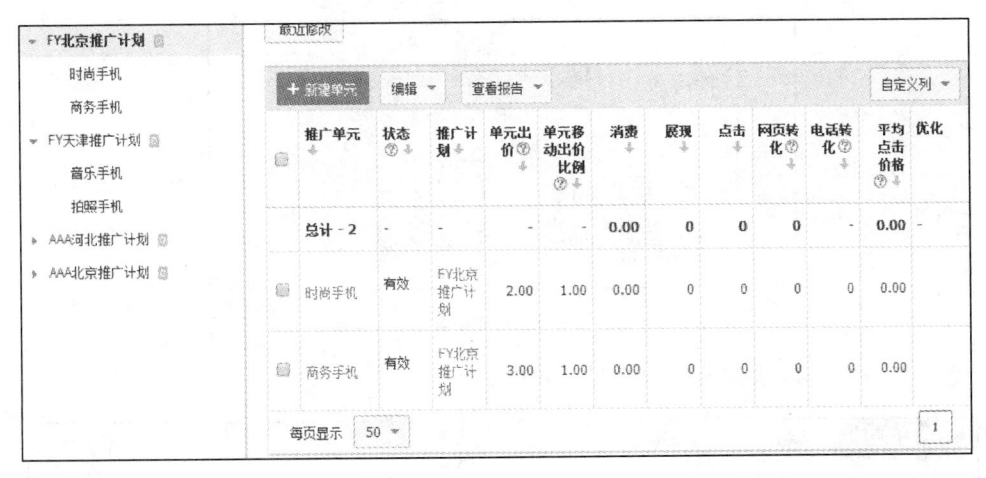

图 7-44

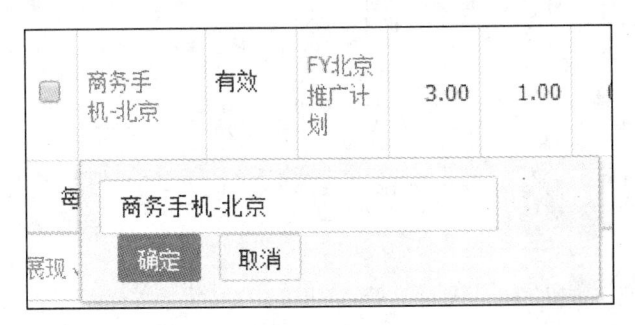

图 7-45

（2）将"FY 北京推广计划"内的"时尚手机"单元名称修改为"时尚手机-北京"。如图 7-46、图 7-47 所示。

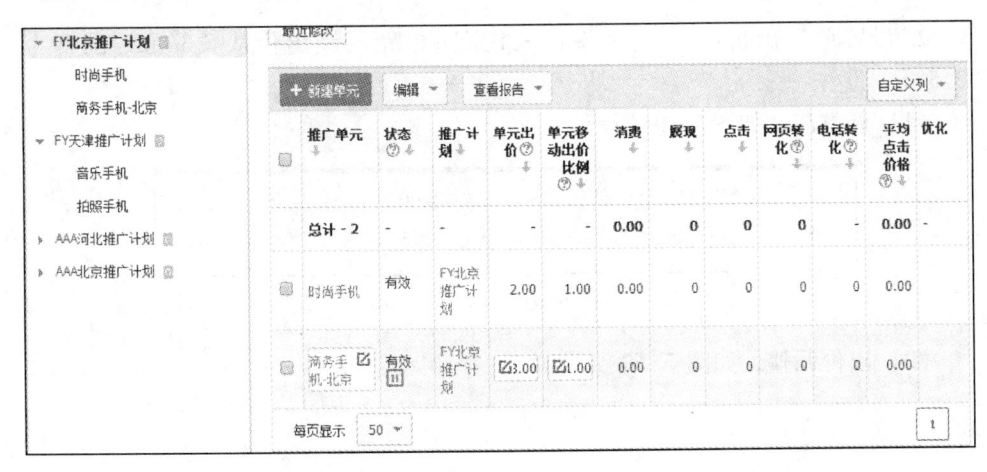

图 7-46

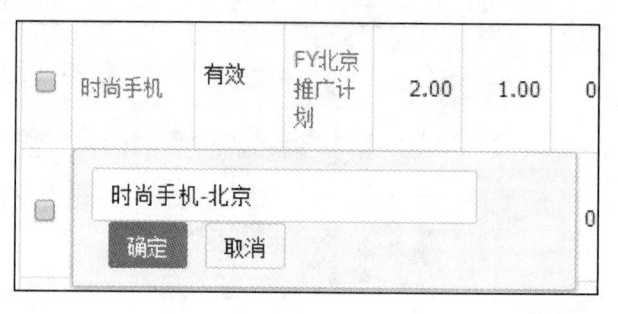

图 7-47

（3）图 7-48 为修改完成后显示效果。

图 7-48

2. 设置单元出价："商务手机-北京"单元层级出价从"3 元"调整为"3.5 元"。

（1）调整前，如图 7-49 所示。

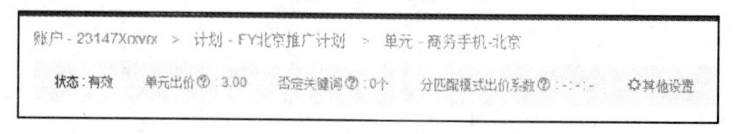

图 7-49

（2）出价调整，如图 7-50 所示。

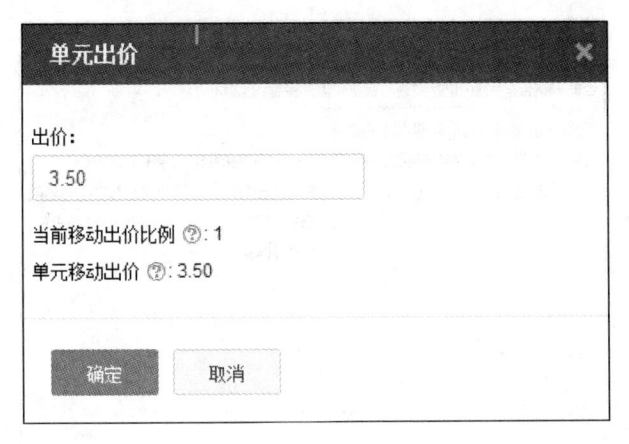

图 7-50

（3）调整后，如图 7-51 所示。

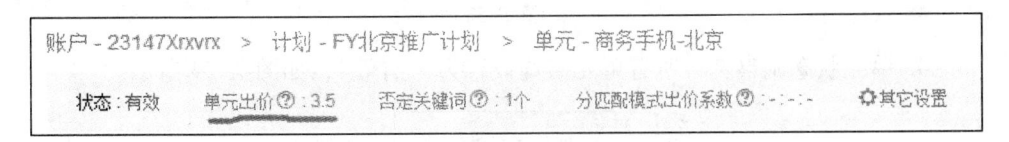

图 7-51

3. 设置否定关键词："商务手机-北京"单元层级关键词为"服饰"，精确否定关键词"商务服饰"，如图 7-52、图 7-53 所示。

图 7-52

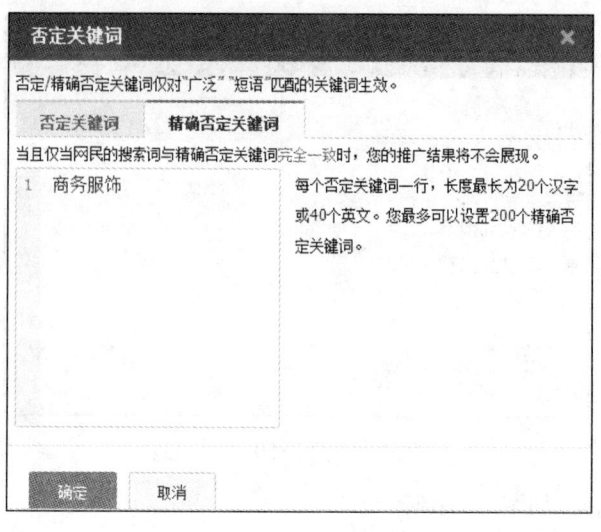

图 7-53

4. 单元状态调整:将所有单元格均设置为"有效",如图 7-54 所示。

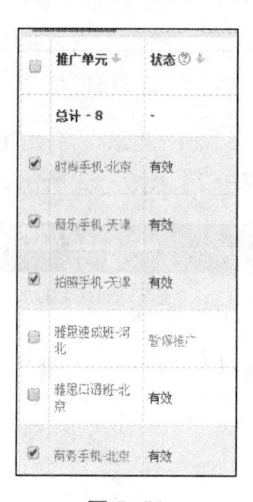

图 7-54

7.3.4 关键词层级设置

1. 关键词状态调整(有效/暂停推广):将"商务手机-北京"单元中的两个关键词设置为"暂停推广"状态。

(1)图 7-55 为状态调整前的界面。

		关键词 ↓	状态 ↓	推广单元 ↓	推广计划 ↓
	-	总计 - 10	-	-	
☐	⚑	"{电信手机大全}"	审核中	商务手机-北京	FY北京推广计划
☐	⚑	"{安卓 手机}"	审核中	商务手机-北京	FY北京推广计划
☐	⚑	"{金立商务手机}"	审核中	商务手机-北京	FY北京推广计划

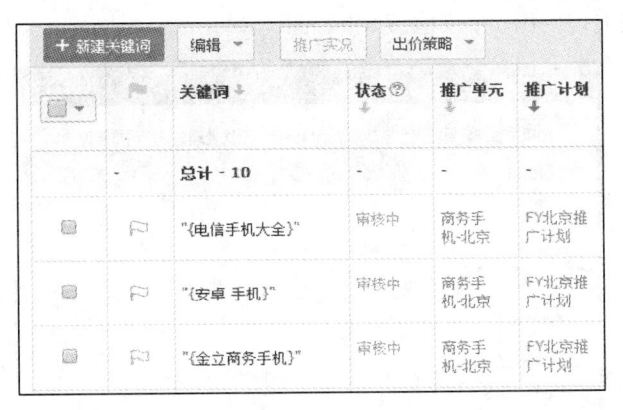

图 7-55

（2）图 7-56 为状态调整后的界面。

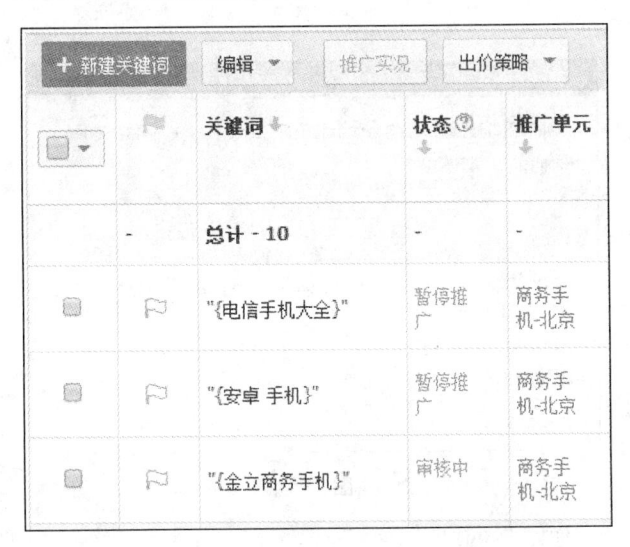

		关键词 ↓	状态 ↓	推广单元 ↓
	-	总计 - 10	-	-
☐	⚑	"{电信手机大全}"	暂停推广	商务手机-北京
☐	⚑	"{安卓 手机}"	暂停推广	商务手机-北京
☐	⚑	"{金立商务手机}"	审核中	商务手机-北京

图 7-56

2. 关键词出价设置：将"商务手机-北京"单元中另两个关键词出价调整为"5.5 元"

（1）调整前，如图 7-57 所示。

关键词 ↓	状态 ↓	推广单元 ↓	推广计划 ↓	出价 ↓
"{智能手机报价}"	审核中	商务手机-北京	FY北京推广计划	0.93
"{商务手机}"	审核中	商务手机-北京	FY北京推广计划	0.93
"{opop智能手机}"	审核中	商务手机-北京	FY北京推广计划	0.93

图 7-57

（2）调整关键词出价，如图 7-58、图 7-59 所示。

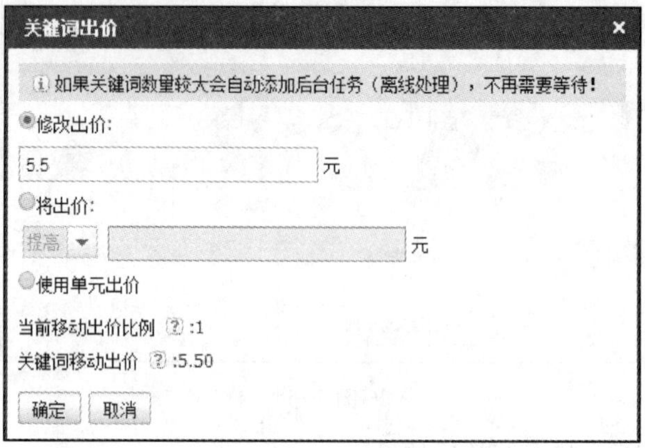

图 7-58

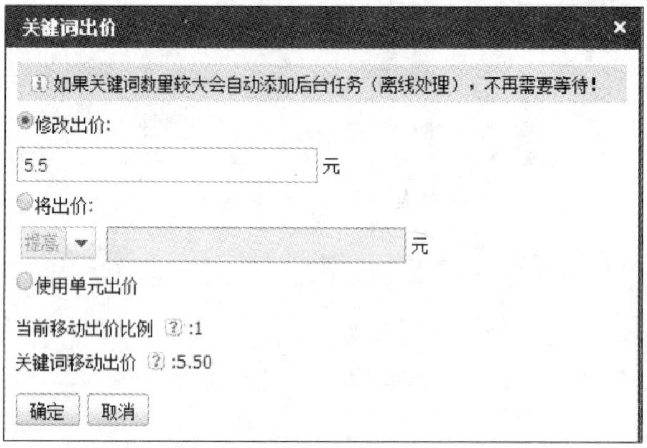

图 7-59

（3）调整后，如图 7-60 所示。

图 7-60

3. 关键词匹配模式设置：将"商务手机-北京"单元中调整过出价的两个关键词调整为"短语匹配"。

(1) 调整前，如图 7-61 所示。

图 7-61

(2) 匹配模式调整，如图 7-62 所示。

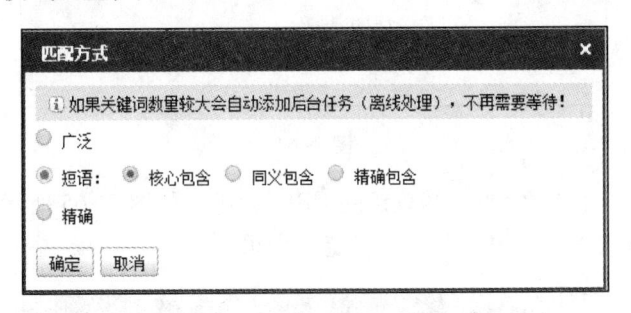

图 7-62

(3) 调整后，如图 7-63 所示。

图 7-63

4. 关键词访问 URL 设置：将"商务手机-北京"单元中调整过出价的两个关键词访问 URL 调整为"fyshouji2.baidu.com"。

(1) 首先选取所要修改的关键词，其次再点开如图 7-64 所示的下拉框，选择"修改访问 URL"。

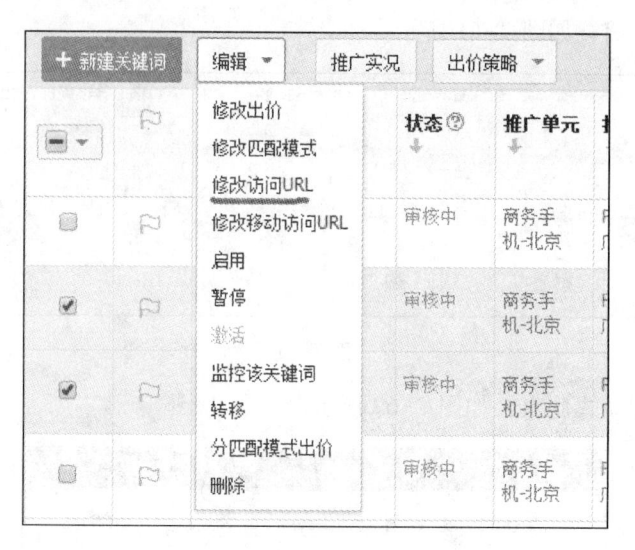

图 7-64

（2）点击图 7-64 中的"修改访问 URL"，进入如图 7-65 所示下弹窗口，将新的 URL 地址填入表单中，点击"确定"即可。

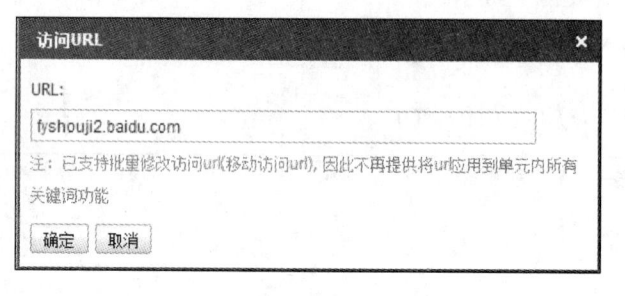

图 7-65

7.3.5 创意层级设置

1. 修改创意：将"商务手机-北京"单元中的其中一个创意"描述 1"中加入"可完美备份客户信息"

方式一：

（1）直接点击图 7-66 中标记出的"修改符号"进入创意修改编辑界面。

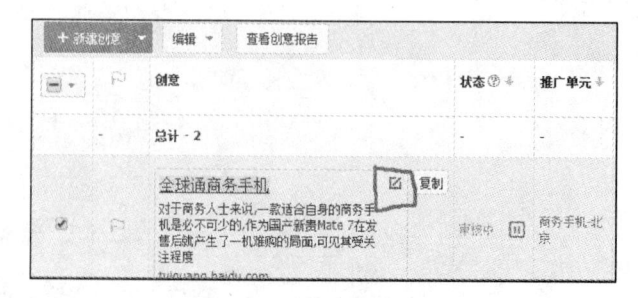

图 7-66

（2）添加"可完美备份客户信息"至创意描述第一行，点击"确定"即可。如图 7-67、图 7-68 所示。

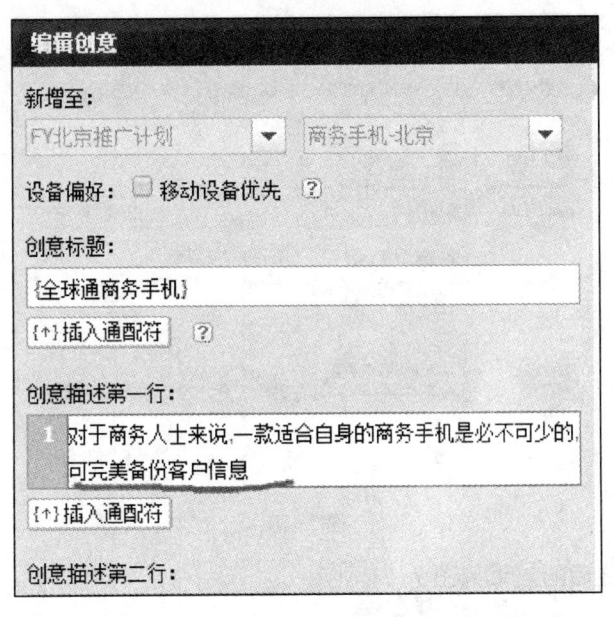

图 7-67

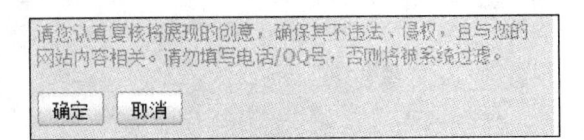

图 7-68

方式二：

（1）首先选取所要修改的创意，其次再点开如图 7-69 所示的下拉框，选择"修改创意文字"。

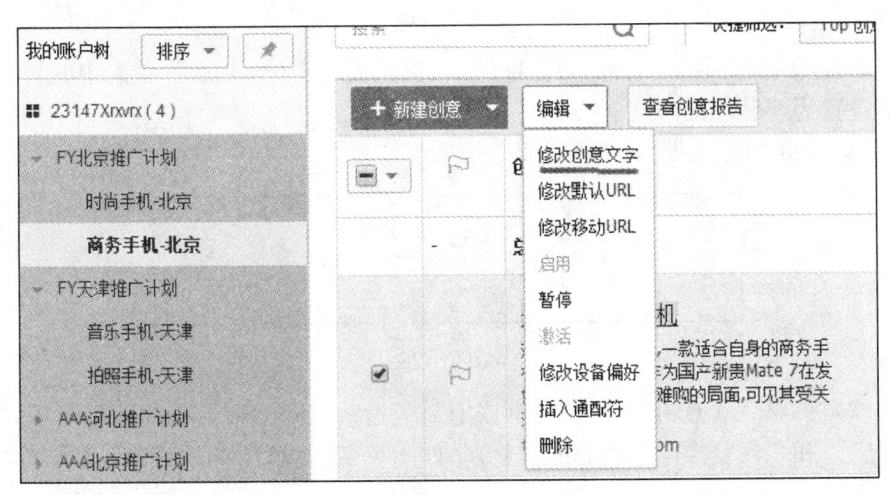

图 7-69

（2）点击图 7-69 中的"修改创意文字"进入如图 7-70 所示的创意文字编辑页面，再进行相应设置，最后点击"确定"即可。

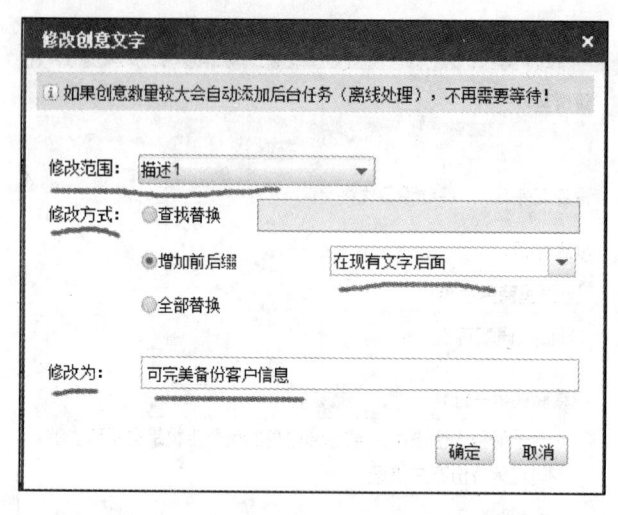

图 7-70

（3）添加之后的效果如图 7-71 所示。

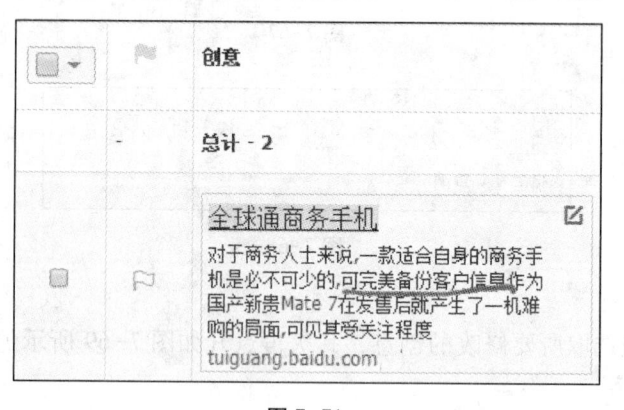

图 7-71

2. 创意状态调整（有效/暂停推广）：将"商务手机-北京"单元中的另一个创意设置为"暂停推广"。

（1）调整前，如图 7-72 所示。

图 7-72

（2）调整后（点击图 7-72"审核中"旁边的"进行时"按钮即可实现"暂停推广"和"恢复推广"状态的调整），如图 7-73 所示。

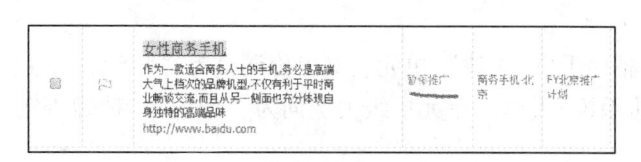

图 7-73

7.4 实验任务

1. 新建计划二:"天津推广计划"

(1) 新建推广计划:输入推广计划名称"天津推广计划",选择创意展现方式"优选",设置推广地域"天津"。

(2) 新建推广单元:选择目标计划名"天津推广计划",输入单元名称"拍照手机",设置单元出价"2元"。

(3) 新建推广单元:选择目标计划名"天津推广计划",输入单元名称"音乐手机",设置单元出价"3元"。

2. 添加关键词

(1) 在"拍照手机"单元中添加10个"时尚手机"相关的关键词,全部设置为广泛匹配。

(2) 在"音乐手机"单元中添加10个"商务手机"相关的关键词,全部设置为短语匹配。

3. 新增创意

(1) 在"拍照手机"单元中新增两条以上与"拍照手机"相关的创意。

(2) 在"音乐手机"单元中新增两条以上与"音乐手机"相关的创意。

4. 账户层级设置

(1) 将账户层级的日预算改为"4 000元"。

(2) 在账户层级的推广地域中增加"保定"。

5. 推广计划层级设置

(1) 设置日预算:设置"天津推广计划"日预算为"1 500元"。

(2) 设置推广地域:设置"天津推广计划"推广计划为"天津"。

(3) 设置推广时段:设置"天津推广计划"推广时段为"全天"。

(4) 设置否定关键词:设置"天津推广计划"否定关键词为"家电"。

(5) 其他设置:将"天津推广计划"的名称修改为"FY天津推广计划",将创意展现方式设置为"优选"。

(6) 计划状态调整:设置为"有效"。

6. 推广单元层级设置

(1) 将"FY天津推广计划"内的"拍照手机"单元名称修改为"拍照手机-天津"。

(2) 将"FY天津推广计划"内的"音乐手机"单元名称修改为"音乐手机

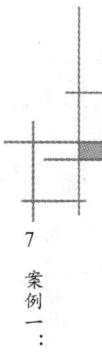

-天津"。

（3）将"拍照手机-天津"单元层级出价调整为"4.5元"。

（4）"音乐手机-天津"单元层级关键词为"音乐"，精确否定关键词"音乐播放器"。

7. 关键词层级设置

（1）关键词出价设置：将"拍照手机-天津"单元中另两个关键词出价调整为"5.5元"。

（2）关键词匹配模式设置：将"拍照手机-天津"单元中调整过出价的两个关键词调整为"短语匹配"。

8 案例二：电冰箱在重庆和成都的推广

8.1 客户基本信息

1. 公司名称：洞洞拐电冰箱
2. 受众目标
主要潜在客户：一般家庭
潜在客户覆盖地区：重庆、成都
潜在客户可能上网搜索时段：白天
3. 公司推广预算：每天 4 000 元
4. 官方网址：DDG. baidu. com

8.2 搜索推广操作

8.2.1 建立账户结构

1. 新建计划一："重庆推广计划"
（1）新建推广计划：输入推广计划名称"重庆推广计划"，选择创意展现方式"优选"，设置推广地域"重庆"。
①打开试验系统进入"推广管理"，如图 8-1 所示。

图 8-1

②点击"新建计划"进入图 8-2 所示的界面,并输入图 8-3 所示的新计划的相关信息。

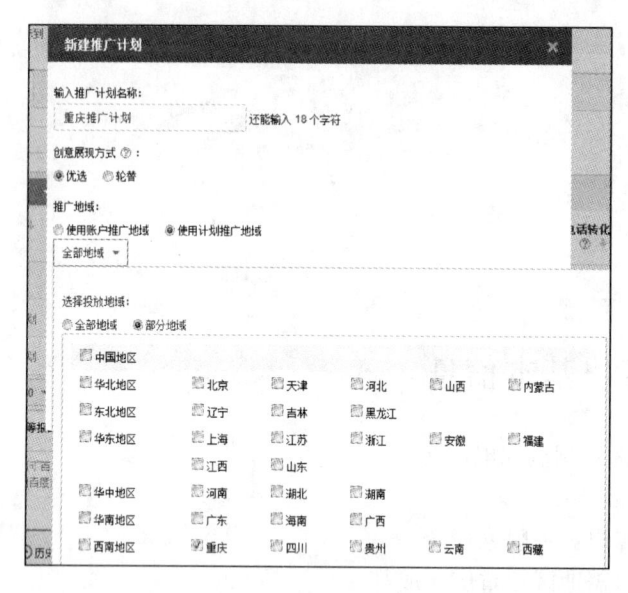

图 8-2

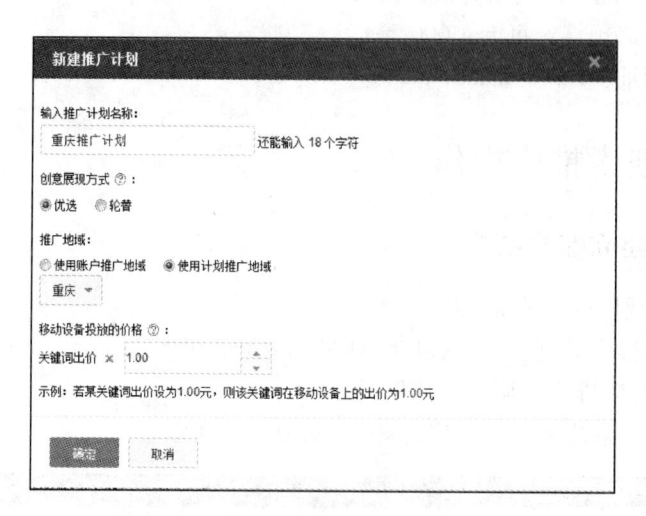

图 8-3

③设置完相关信息,点击"确定",即可在主界面查看到新建的计划项目,如图 8-4 所示。

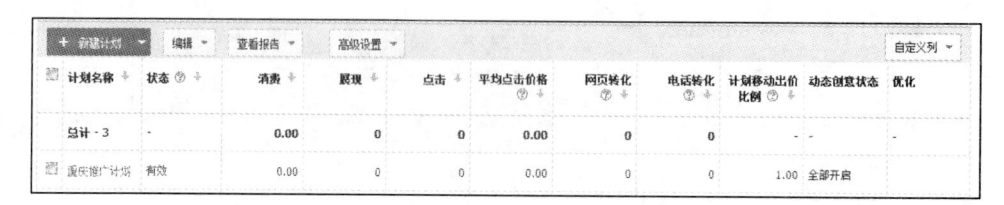

图 8-4

（2）新建推广单元：选择目标计划名"重庆推广计划"，输入单元名称"洞洞妖电冰箱"，设置单元出价"2元"。

①点击"重庆推广计划"进入如图8-5设置页面。

图8-5

②点击"新建单元"，进入如图8-6"新建推广单元"设置界面，并进行"洞洞妖电冰箱"单元的相关设置。

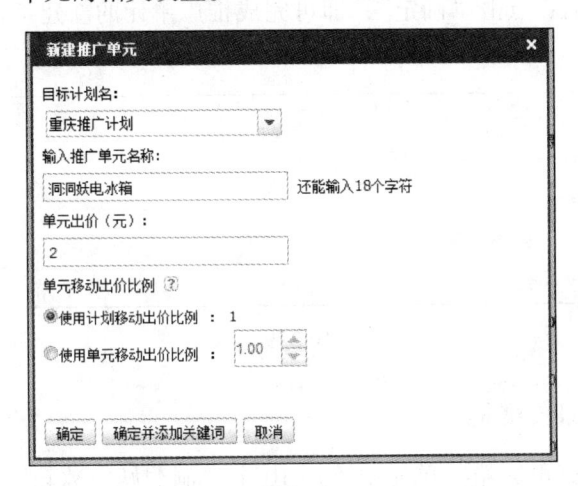

图8-6

③完成设置后，点击"确定"，即可完成推广单元的新建工作，如图8-7所示。

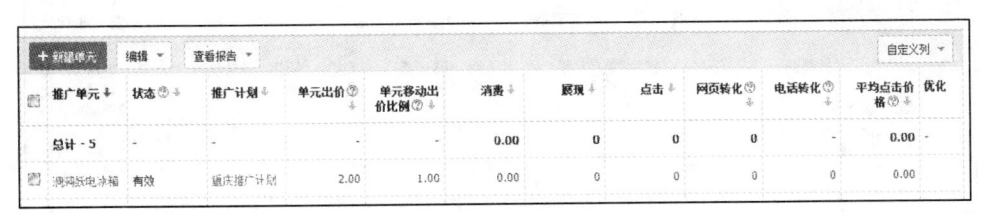

图8-7

（3）新建推广单元：选择目标计划名"重庆推广计划"，输入单元名称"洞洞凉电冰箱"，设置单元出价"3元"。

①点击"新建单元"，进入如图8-8所示的"新建推广单元"设置界面，并进行"洞洞凉电冰箱"单元的相关设置。

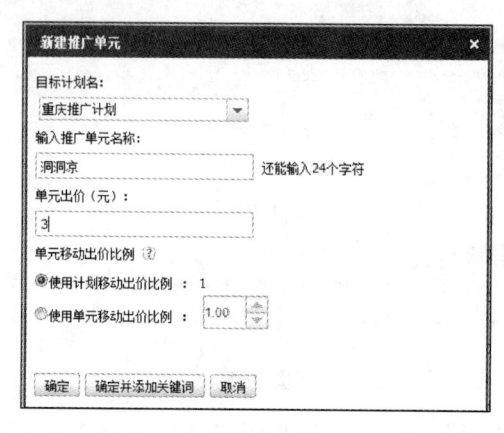

图 8-8

②完成设置后，点击"确定"，即可完成推广单元的新建工作，显示结果如图8-9所示。

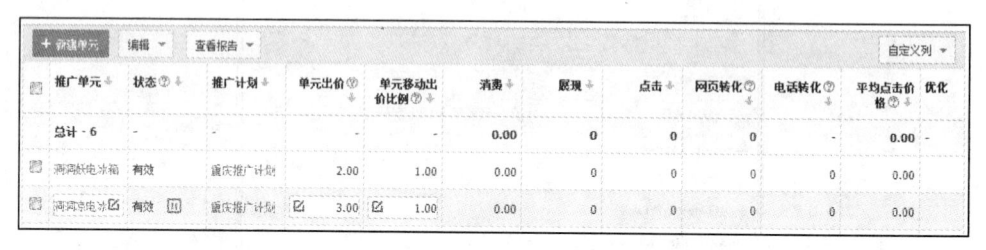

图 8-9

8.2.2 添加关键词

1. 在"洞洞妖电冰箱"单元中添加10个"洞洞妖电冰箱"相关的关键词，全部设置为广泛匹配。

（1）点击"洞洞妖电冰箱"，进入图8-10所示的设置页面。

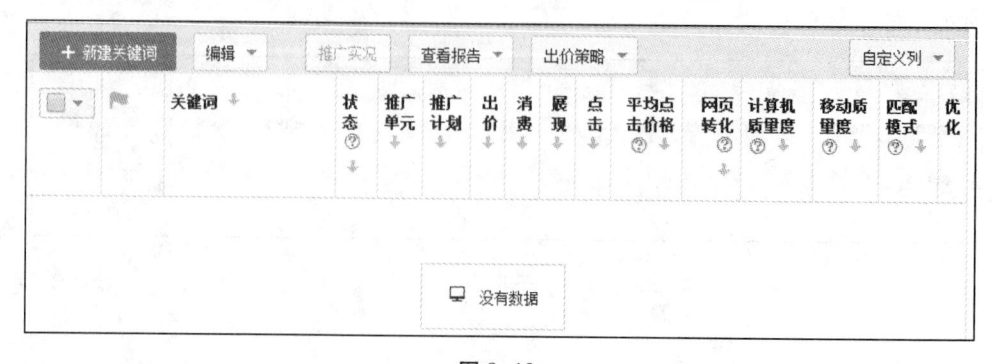

图 8-10

（2）点击"新建关键词"，进入图 8-11 所示的"关键词规划师"界面，输入"洞洞妖电冰箱"，点击"搜索"，如图 8-12 所示。

图 8-11

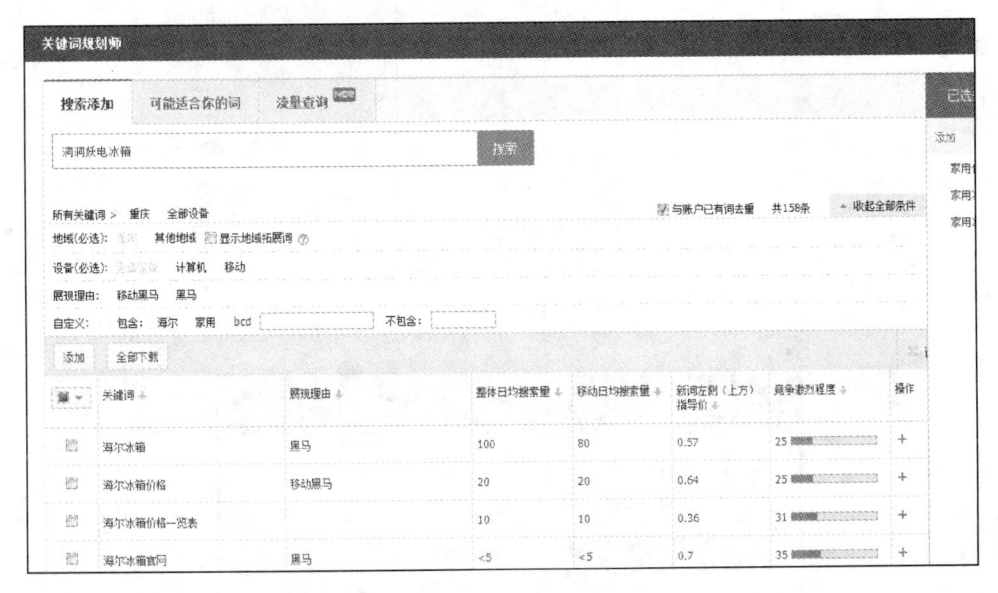

图 8-12

（3）勾选关键词，勾选完毕之后，点击如图 8-13 所示的"添加"按钮，即可将关键词添加进"已选关键词"一栏。

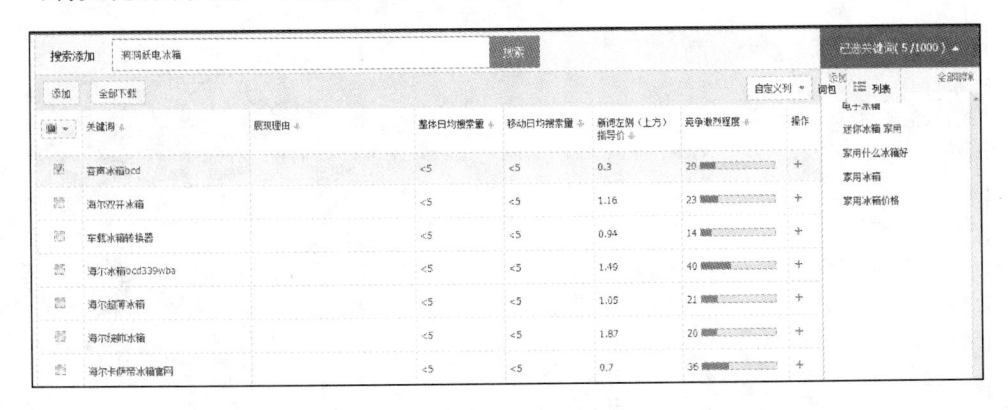

图 8-13

（4）点击图 8-14 中的"快速保存"即可完成关键词添加并保存，如图 8-15

所示。

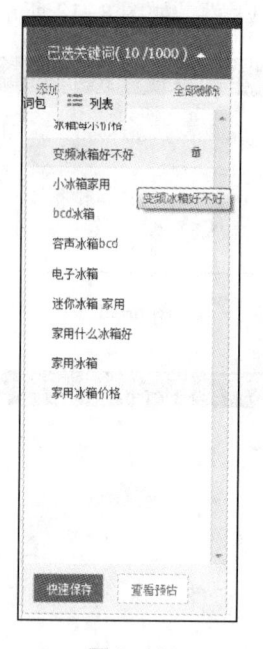

图 8-14

图 8-15

（5）添加完成之后主界面的显示效果如图 8-16 所示。

图 8-16

2. 在"洞洞凉电冰箱"单元中添加 10 个"洞洞凉电冰箱"相关的关键词，全部设置为"短语匹配"。

（1）点击"洞洞凉电冰箱"进入如图 8-17 所示的设置页面。

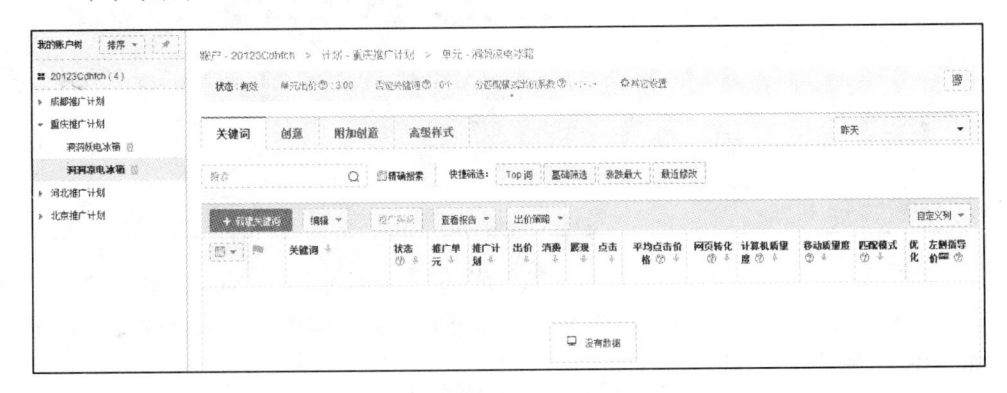

图 8-17

（2）点击"新建关键词"，进入如图 8-18 所示的"关键词规划师"界面，输入"洞洞凉电冰箱"，然后点击"搜索"，如图 8-19 所示。

图 8-18

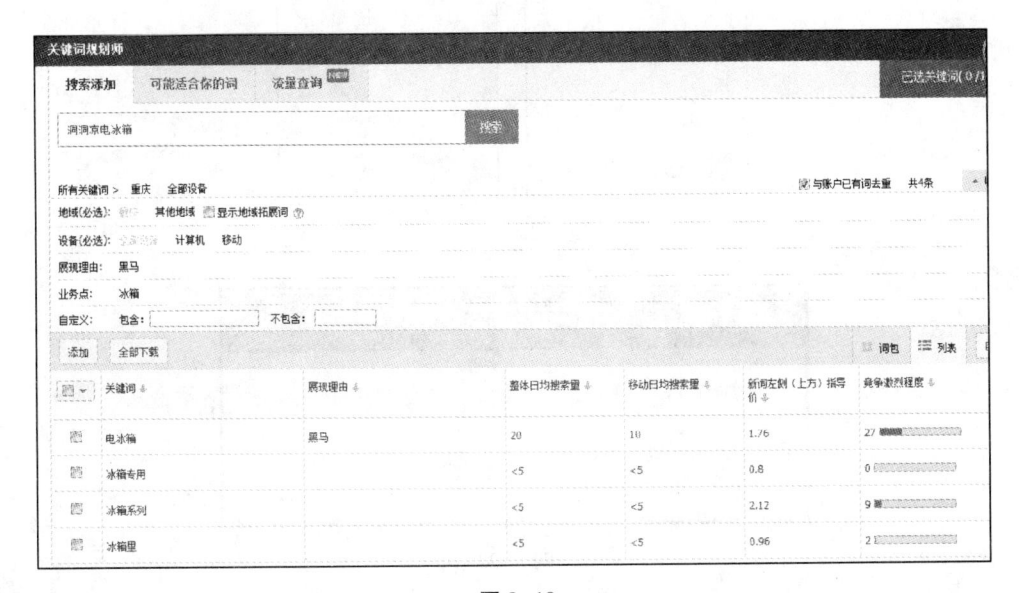

图 8-19

（3）勾选关键词，勾选完毕之后，点击如图 8-20 所示的"添加"按钮，即可将关键词添加进"已选关键词"一栏。

图 8-20

（4）点击图 8-21 中的"快速保存"即可完成关键词添加。保存成功的界面如图 8-22 所示。

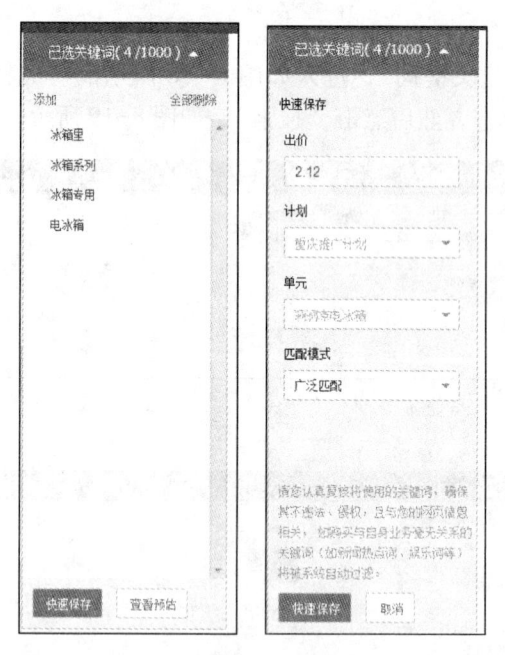

图 8-21

图 8-22

（5）添加完成之后主界面的显示效果如图 8-23 所示。

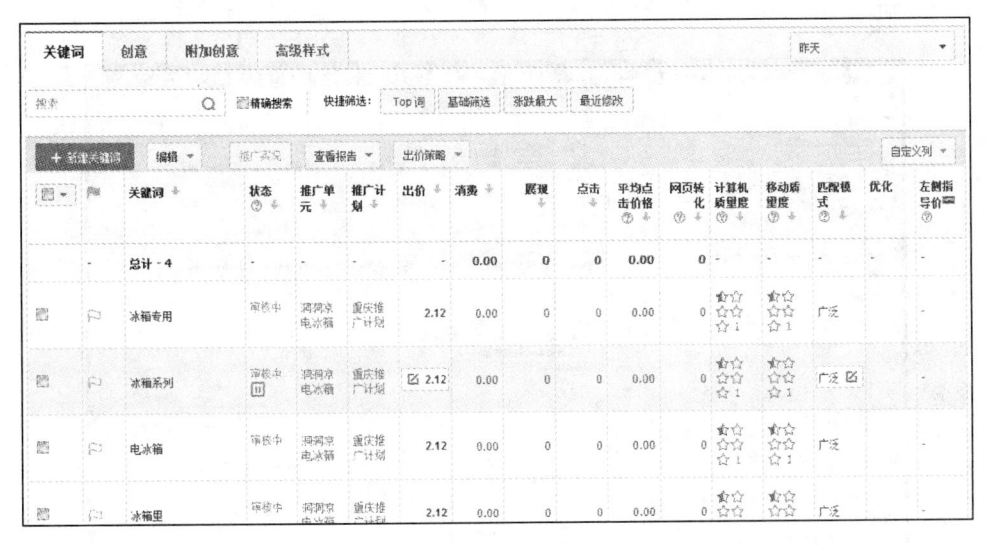

图 8-23

8.2.3 新增创意

1. 在"洞洞妖电冰箱"单元中新增与"洞洞妖电冰箱"相关的创意。

（1）点击"洞洞妖电冰箱",进入洞洞妖电冰箱单元界面,如图 8-24 所示。

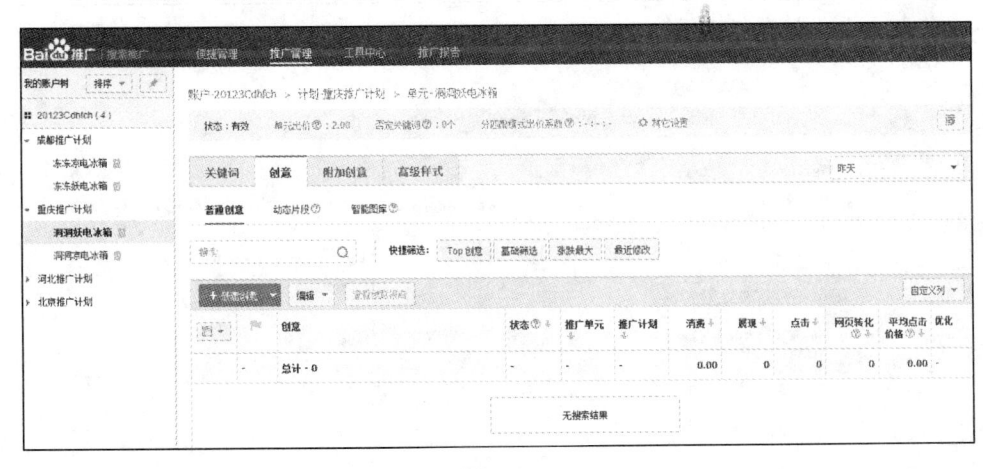

图 8-24

（2）点击上图中的"新建创意"，进入创意编辑界面，完成创意编辑，如图8-25所示。

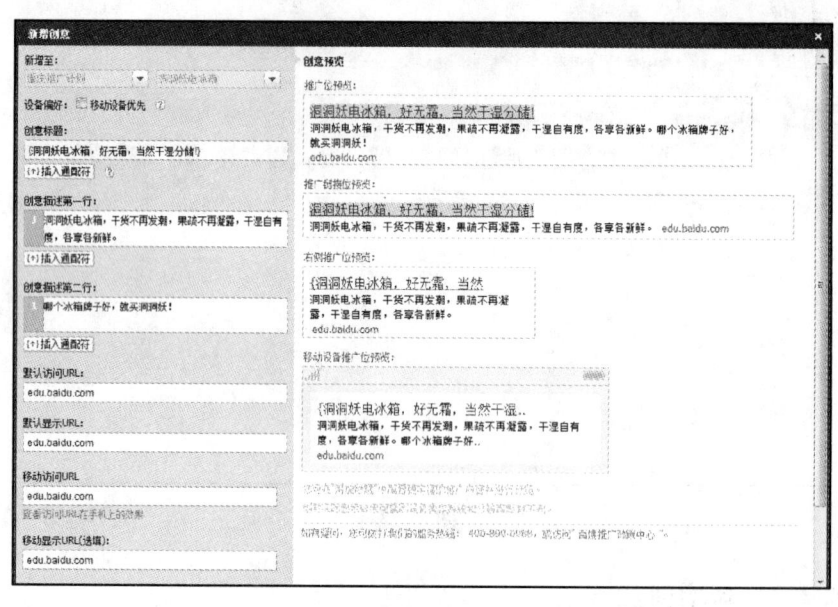

图 8-25

（3）点击"确定"即可查看新增创意，如图8-26所示。

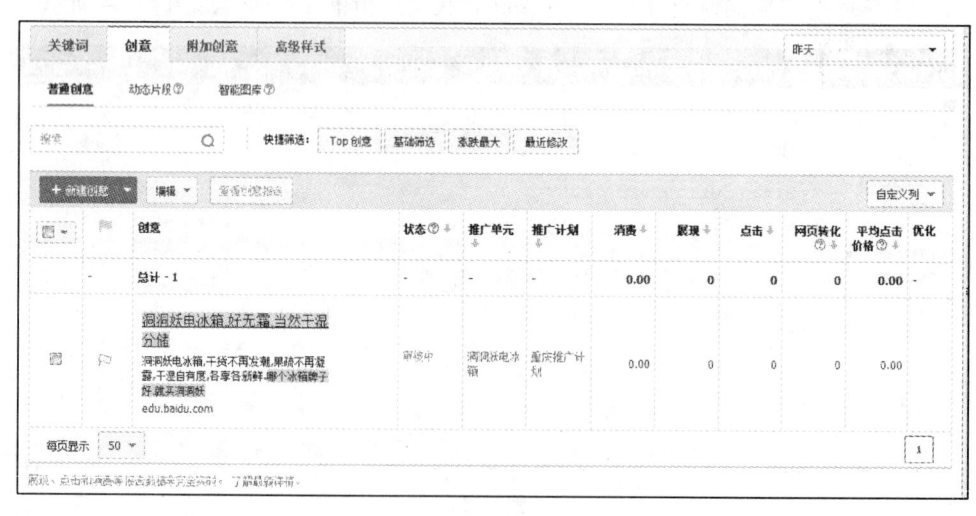

图 8-26

2. 在"洞洞凉电冰箱"单元中新增与"洞洞凉电冰箱"相关的创意。

（1）点击"洞洞凉电冰箱"，进入洞洞凉电冰箱单元界面，如图 8-27 所示。

图 8-27

（2）点击上图中的"新建创意"，进入创意编辑界面，完成创意编辑，如图 8-28 所示。

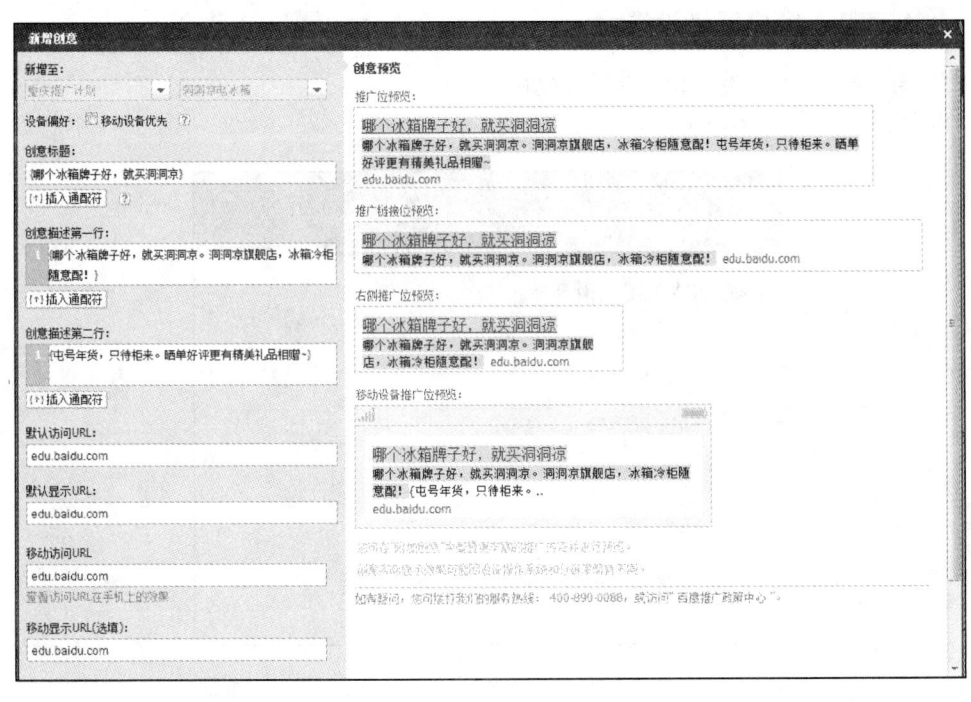

图 8-28

(3)点击"确定"即可查看新增创意,如图8-29所示。

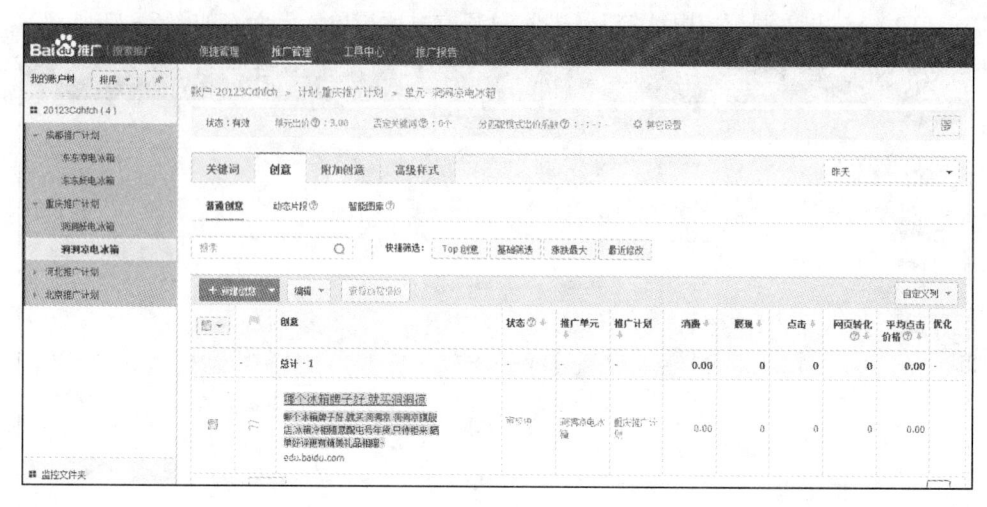

图8-29

8.3 各层级设置

8.3.1 账户层级设置

1. 设置账户层级日预算为"3 000元"。

(1)图8-30为设置前的界面。

图8-30

（2）点击图8-30中"预算"右边的"修改"按钮进行日预算修改，如图8-31所示。

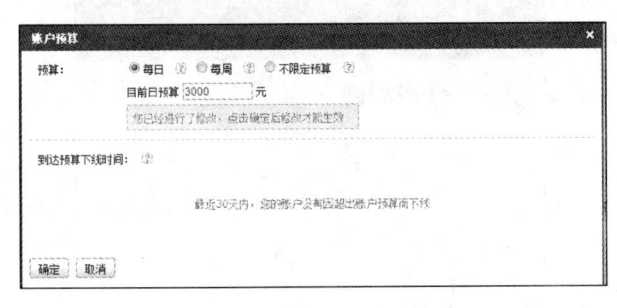

图 8-31

2. 设置账户层级推广地域为"重庆"和"成都"

（1）推广地域修改并保存，如图8-32、图8-33所示。

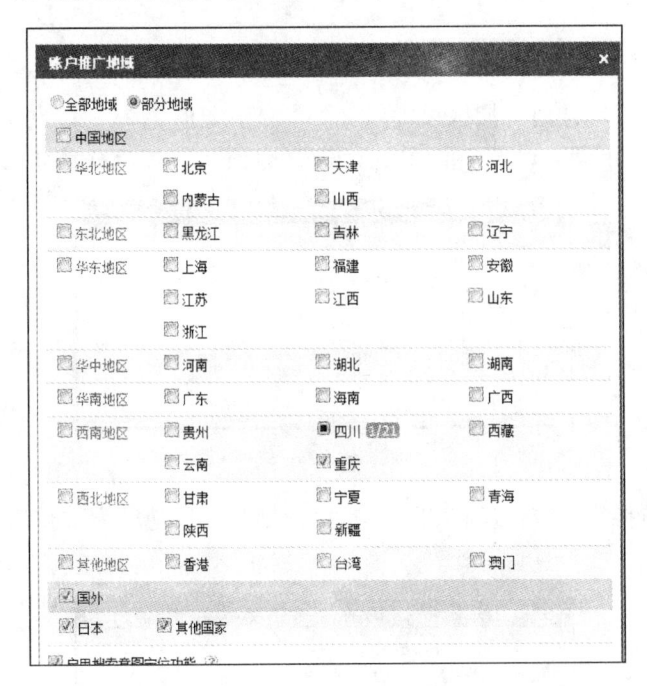

图 8-32

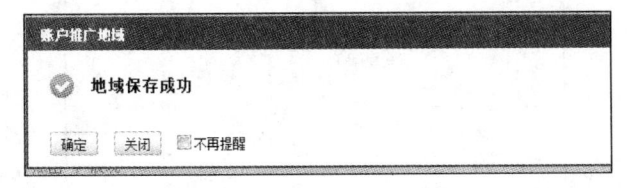

图 8-33

(2) 修改完成后，如图 8-34 所示。

图 8-34

8.3.2 推广计划层级设置

1. "重庆推广计划"层级设置

（1）设置日预算：设置"重庆推广计划"日预算为"1 500元"，如图 8-35 所示。

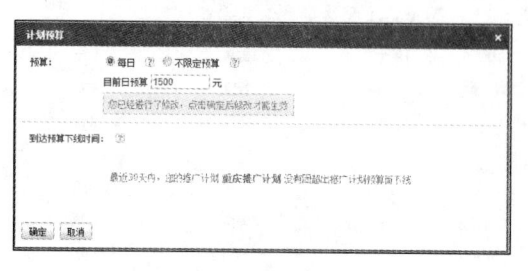

图 8-35

（2）设置推广地域：设置"重庆推广计划"推广地域为"重庆"，如图 8-36 所示。

图 8-36

（3）设置推广时段：设置"重庆推广计划"推广时段为"全天"，如图8-37所示。

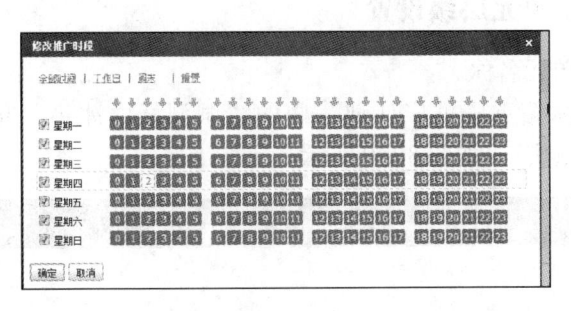

图 8-37

（4）设置否定关键词：设置"重庆推广计划"否定关键词为"海尔"，如图8-38所示。

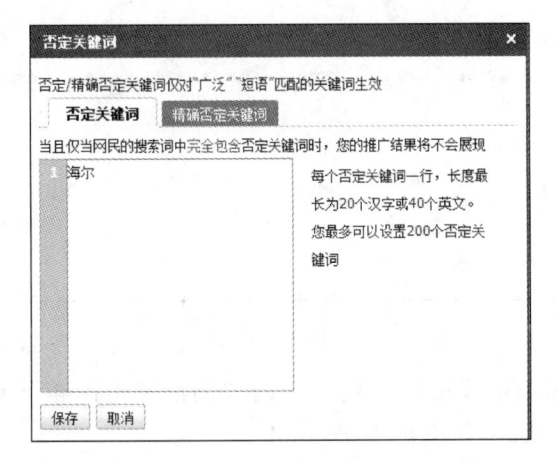

图 8-38

（5）其他设置："重庆推广计划"推广计划名称修改为"电冰箱重庆推广计划"，设置创意展现方式设置为"优选"，如图8-39所示。

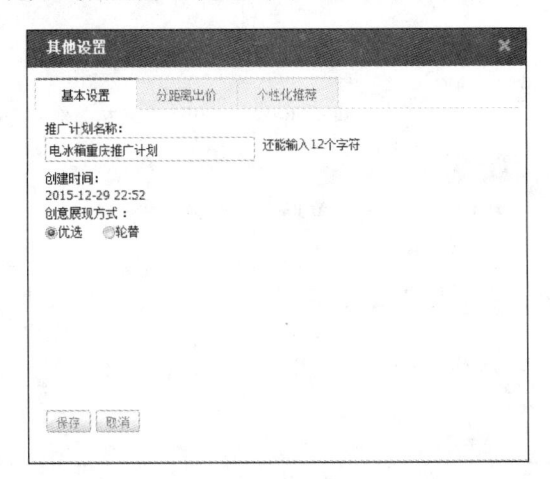

图 8-39

（6）计划状态调整：将计划状态设置为"有效"。

8.3.3 推广单元层级设置

1. 修改推广单元名称

（1）将"电冰箱重庆推广计划"内的"洞洞妖电冰箱"单元名称修改为"洞洞妖电冰箱-重庆"。如图 8-40 所示。

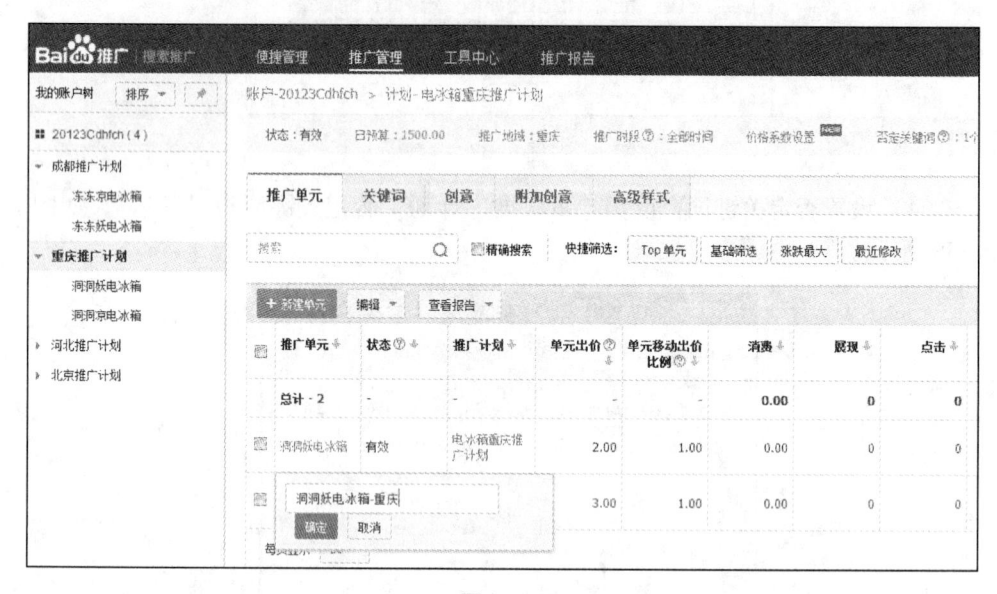

图 8-40

（2）将"电冰箱重庆推广计划"内的"洞洞凉电冰箱"单元名称修改为"洞洞凉电冰箱-重庆"。如图 8-41 所示。

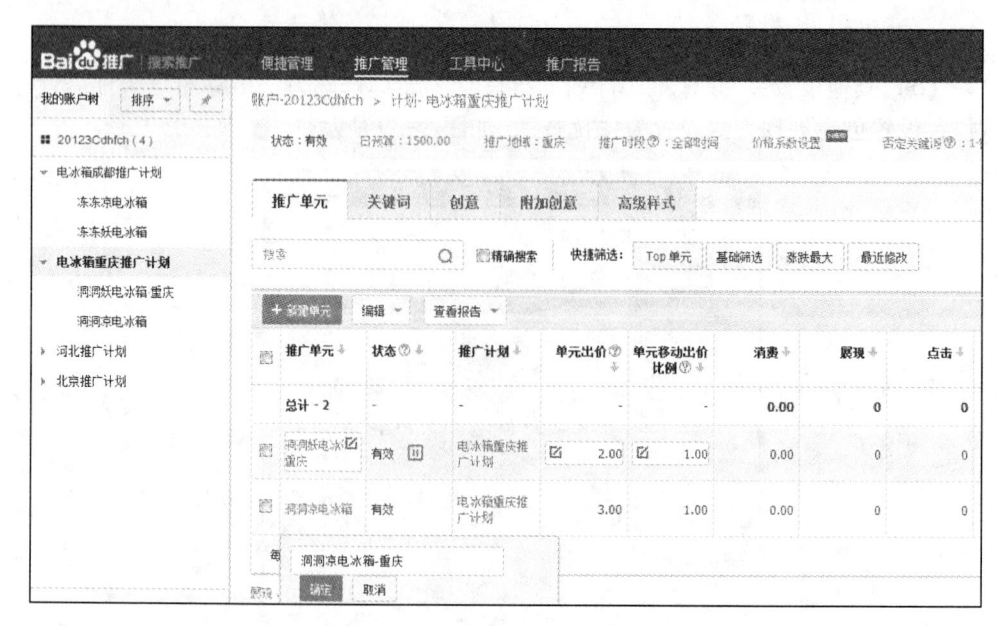

图 8-41

2. 设置单元出价:"洞洞妖电冰箱-重庆"单元层级出价从"2 元"调整为"2.5 元"。

(1) 调整前,如图 8-42 所示。

图 8-42

(2) 出价调整,如图 8-43 所示。

图 8-43

(3) 调整后,如图 8-44 所示。

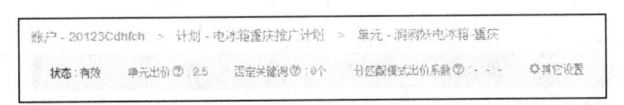

图 8-44

3. 设置否定关键词:"洞洞妖电冰箱-重庆"单元层级关键词为"海尔",精确否定关键词"海尔价格",如图 8-45 所示。

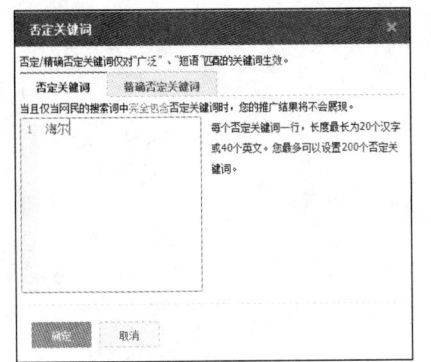

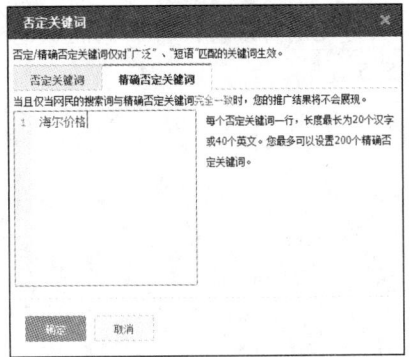

图 8-45

4. 单元状态调整：所有单元格均设置为"有效"。如图 8-46 所示。

图 8-46

8.3.4 关键词层级设置

1. 关键词状态调整（有效/暂停推广）：将"洞洞妖电冰箱-重庆"单元中的 2 个关键词设置为"暂停推广"状态。

图 8-47 为设置前和设置后的界面。

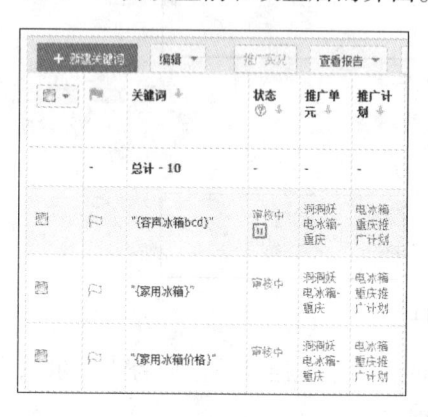

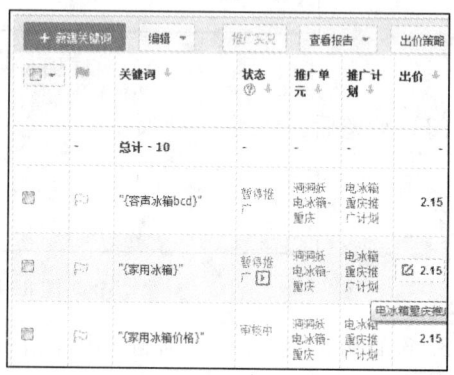

图 8-47

2. 关键词出价设置：将"洞洞妖电冰箱-重庆"单元中另两个关键词出价调整为"5.5元"。

（1）调整关键词出价，如图 8-48 所示。

图 8-48

（2）调整后，如图 8-49 所示。

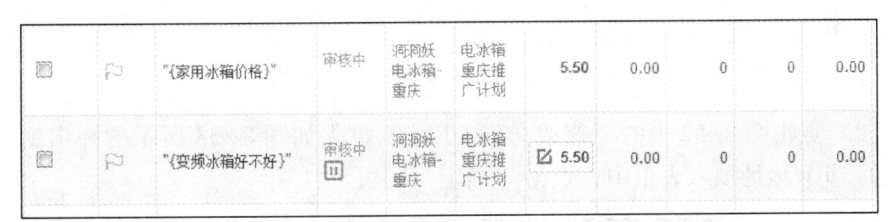

图 8-49

3. 关键词匹配模式设置：将"洞洞妖电冰箱-重庆"单元中调整过出价的两个关键词调整为"短语匹配"。

（1）匹配模式调整，如图 8-50 所示。

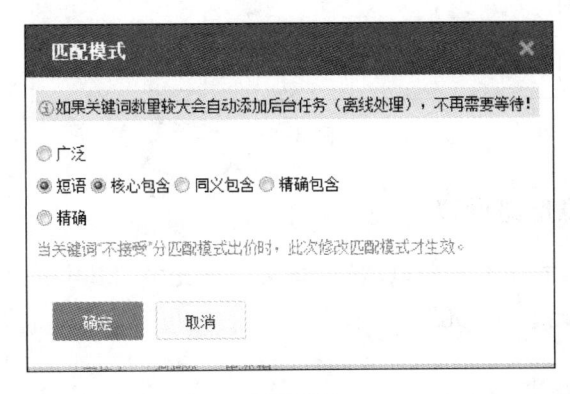

图 8-50

(2) 调整后，如图 8-51 所示。

图 8-51

4. 关键词访问 URL 设置：将"洞洞妖电冰箱-重庆"单元中调整过出价的两个关键词访问 URL 调整为"DDG.baidu.com"。

(1) 首先选取所要修改的关键词，其次再点开如图 8-52 所示的下拉框，选择"修改访问 URL"。

图 8-52

(2) 点击图 8-52 中的"修改访问 URL"，进入如图 8-53 所示的弹出窗口，将新的 URL 地址填入表单中，点击"确定"即可。

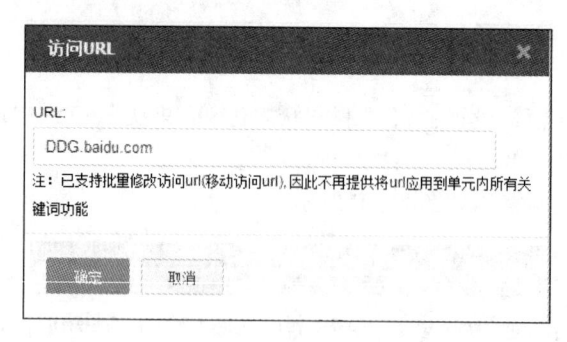

图 8-53

8.3.5 创意层级设置

1. 修改创意：在"洞洞妖电冰箱-重庆"单元中的其中一个创意"描述 1"中加入"满 2000 元返 100 元"。

方式一：

(1) 直接点击图 8-54 中的"✎"进入创意修改编辑界面。

图 8-54

（2）添加"满 2000 元返 100 元"至"创意描述第一行"，点击"确定"即可，如图 8-55 所示。

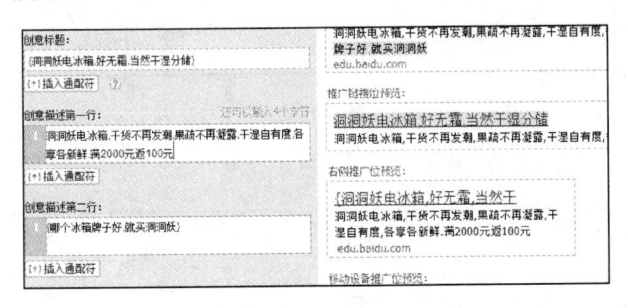

图 8-55

方式二：

（1）首先选取所要修改的创意，其次再点开如图 8-56 所示的下拉框，选择"修改创意文字"。

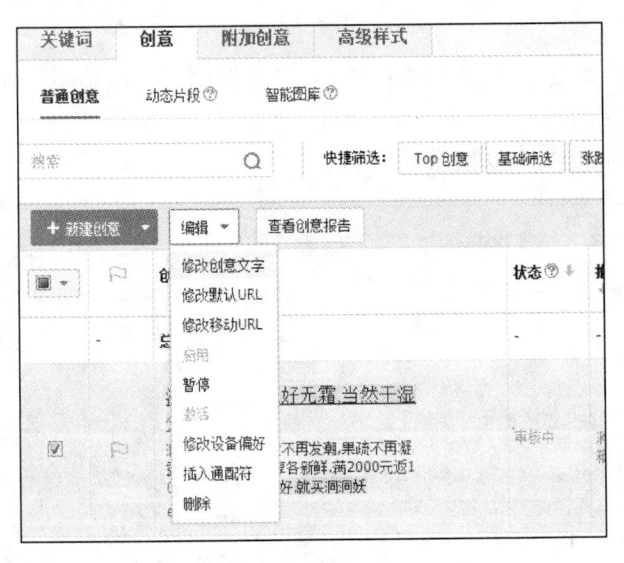

图 8-56

（2）点击图 8-56 中的"修改创意文字"进入如图 8-57 所示的创意文字编辑页面，再进行设置，最后点击"确定"即可。

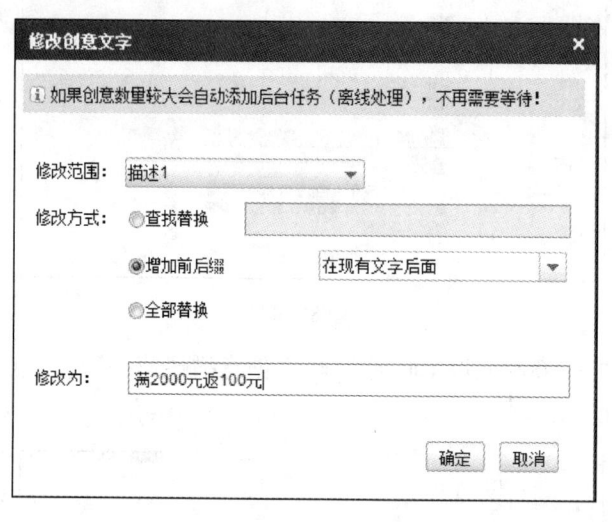

图 8-57

（3）添加之后的效果如图 8-58 所示。

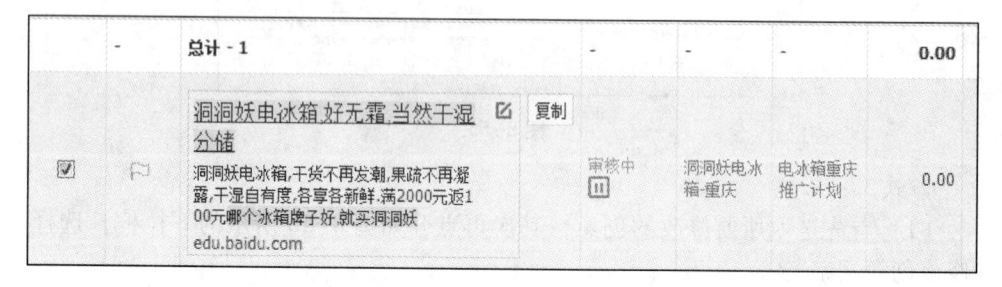

图 8-58

2. 创意状态调整（有效/暂停推广）：将"洞洞妖电冰箱-重庆"单元中的创意设置为"暂停推广"。

（1）调整前如图 8-59 所示。

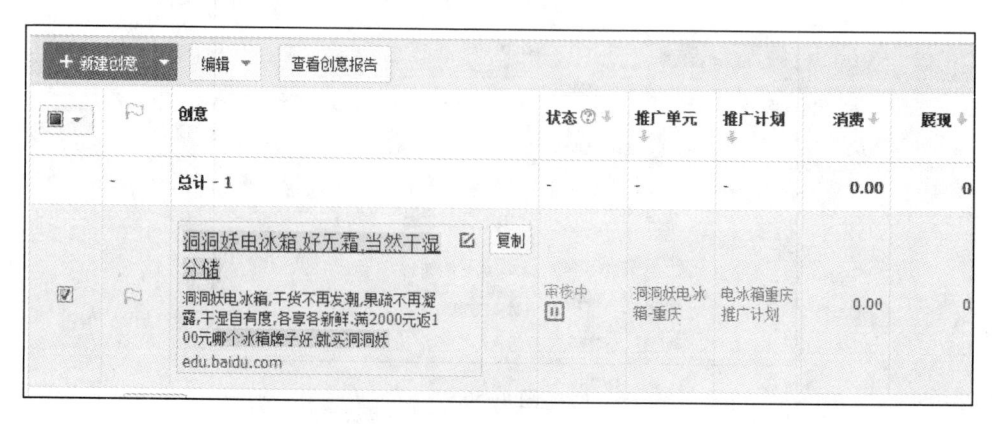

图 8-59

（2）调整后（点击图 8-59 中"审核中"旁边的"进行时"按钮即可实现"暂停推广"和"恢复推广"状态的调整），如图 8-60 所示。

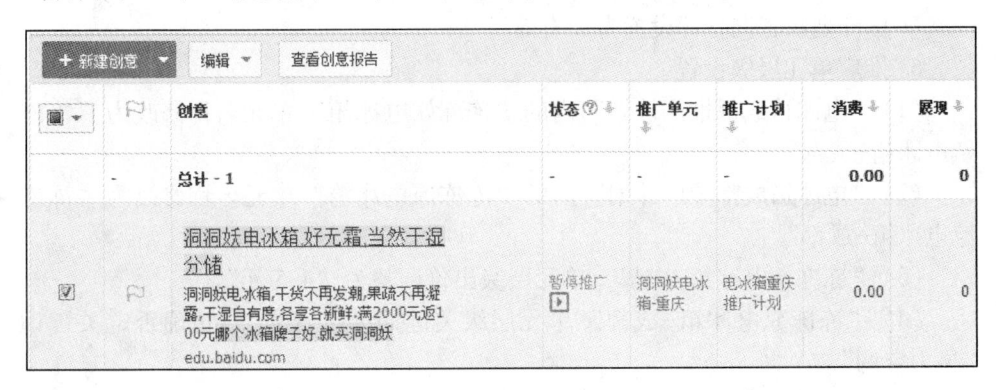

图 8-60

8.4 实验任务

1. 新建计划二"成都推广计划"

（1）新建推广计划：输入推广计划名称"成都推广计划"，选择创意展现方式"优选"，设置推广地域"成都"。

（2）新建推广单元：选择目标计划名"成都推广计划"，输入单元名称"冻冻妖电冰箱"，设置单元出价"2 元"。

（3）新建推广单元：选择目标计划名"成都推广计划"，输入单元名称"冻冻凉电冰箱"，设置单元出价"3 元"。

2. 添加关键词

（1）在"冻冻妖电冰箱"单元中添加 10 个"冻冻妖电冰箱"相关的关键词，全部设置为"广泛匹配"。

（2）在"冻冻凉电冰箱"单元中添加 10 个"冻冻凉电冰箱"相关的关键词，全部设置为"短语匹配"。

3. 新增创意

（1）在"冻冻妖电冰箱"单元中新增与"冻冻妖电冰箱"相关的创意。

（2）在"冻冻凉电冰箱"单元中新增与"冻冻凉电冰箱"相关的创意。

4. 账户层级设置

（1）将账户层级的日预算改为"3 500 元"。

（2）在账户层级的推广地域中增加"乐山"。

5. 推广计划层级设置

（1）设置日预算：设置"成都推广计划"日预算为"1 500 元"。

（2）设置推广地域：设置"成都推广计划"推广计划为"成都"。

（3）设置推广时段：设置"成都推广计划"推广时段为"全天"。

（4）设置否定关键词：设置"成都推广计划"否定关键词为"美的"。

（5）其他设置：将"成都推广计划"推广计划名称修改为"电冰箱成都推广计划"，将创意展现方式设置为"优选"。

（6）计划状态调整：设置为"有效"。

6. 推广单元层级设置

（1）"电冰箱成都推广计划"内的"冻冻妖电冰箱"单元名称修改为"冻冻妖电冰箱-成都"。

（2）"电冰箱成都推广计划"内的"冻冻凉电冰箱"单元名称修改为"冻冻凉电冰箱-成都"。

（3）"冻冻妖电冰箱-成都"单元层级出价调整为"4.5元"。

（4）"冻冻凉电冰箱-成都"单元层级关键词为"音乐"，精确否定关键词"格力空调"。

7. 关键词层级设置

（1）关键词出价设置：将"冻冻妖电冰箱-成都"单元中两个关键词出价调整为"5.5元"。

（2）关键词匹配模式设置：将"冻冻凉电冰箱-成都"单元中调整过出价的两个关键词调整为"短语匹配"。

9 案例三：王牌大米公司在全国的推广

9.1 客户基本信息

1. 公司名称：王牌玉米
2. 受众目标

主要潜在客户：一般家庭

潜在客户覆盖地区：重庆、成都

潜在客户可能上网搜索时段：白天

3. 公司推广预算：每天 1 000 元
4. 官方网址：edu.baidu.com

9.2 搜索推广操作

9.2.1 建立账户结构

1. 建立计划——全国推广计划

（1）新建推广计划

①登入系统，进入沙箱，点击"搜索推广"，如图 9-1 所示。

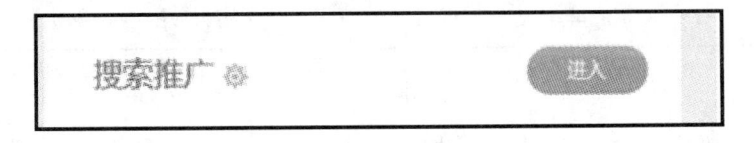

图 9-1

②点击"推广管理"。如图 9-2 所示。

图 9-2

③新建推广计划。设置推广计划名称为"王牌大米公司全国推广计划"，创意展现方式为"优选"，推广地域为"全部地域"，关键词出价为"8.00 元"。如

图 9-3 所示。

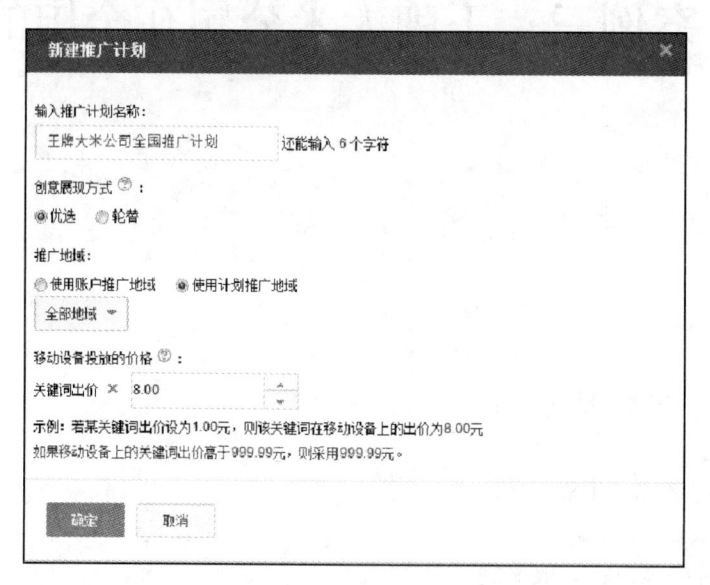

图 9-3

④点击图 9-3 中的"确定"。确定后的界面如图 9-4 所示。

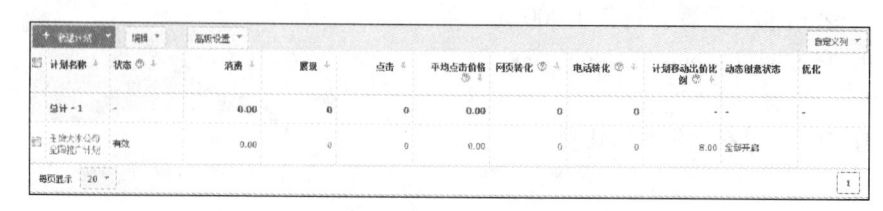

图 9-4

（2）新建推广单元

①点击"推广单元"。如图 9-5 所示。

图 9-5

②新建推广单元。选择目标计划名"王牌大米公司全国推广计划"，推广单元"王牌大米"，单元出价"5元"，使用计划移动出价比例。如图 9-6 所示。

③点击图 9-6 中的"确定"，确定后的界面如图 9-7 所示。

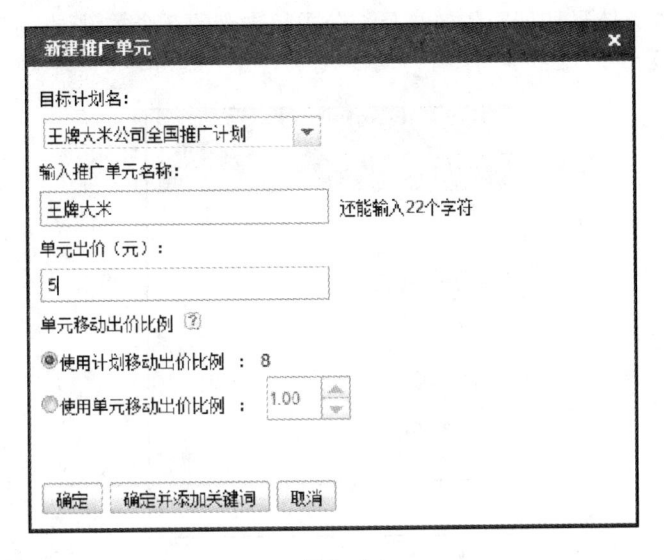

图 9-6

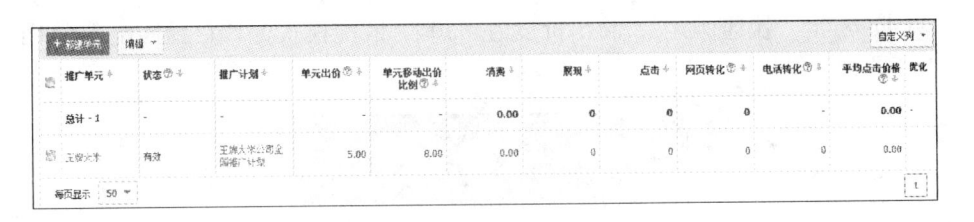

图 9-7

9.2.2 添加关键词

1. 新建 5 个广泛匹配关键词

（1）点击"关键词"。如图 9-8 所示。

图 9-8

（2）在关键词规划师界面中，输入"大米销售"并搜索。如图 9-9 所示。

图 9-9

（3）选择整体日均搜索量较高且与公司较吻合的 5 个关键词，点击"添加"。如图 9-10 所示。

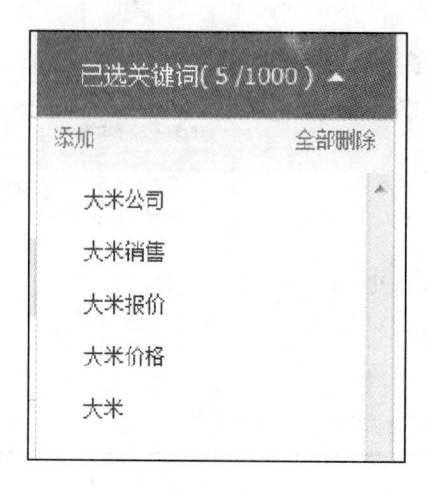

图 9-10

（4）点击"快速保存"，将出价设为"50"，匹配模式为"广泛匹配"。如图 9-11 所示。

图 9-11

2. 选择精确匹配关键词

(1) 在关键词规划师界面中，输入"大米销售"并搜索。如图 9-12 所示。

图 9-12

(2) 点击"快速保存"，出价设为"30"，匹配模式为"精确匹配"即可完成设置。

9.2.3 新增创意

1. 增加与王牌大米相关的创意

(1) 点击"创意"。如图 9-13 所示。

图 9-13

(2) 点击"新建创意"，完成创意设置，并点击"确定"保存。如图 9-14、图 9-15 所示。

图 9-14

图 9-15

（3）再点击"新增创意"，完成另外一条创意设置，并点击"确定"保存。如图 9-16、图 9-17 所示。

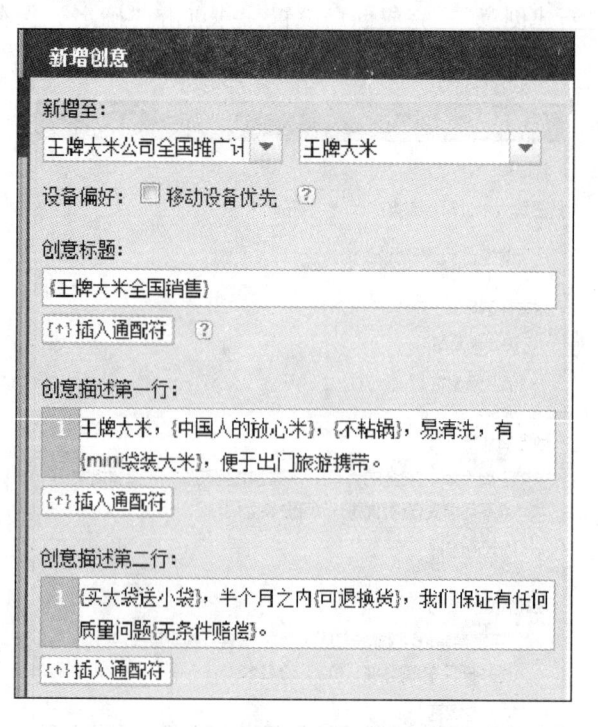

图 9-16

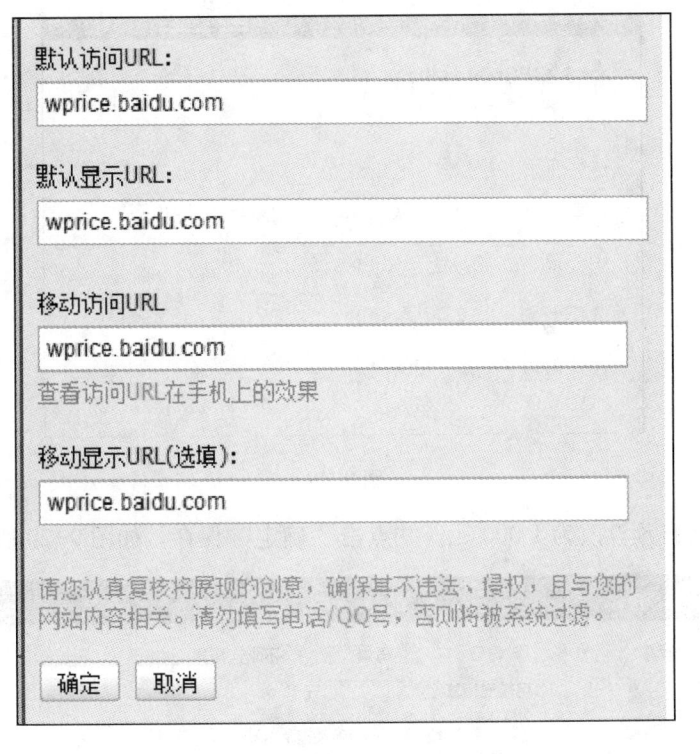

图 9-17

9.3 各层级设置

9.3.1 账户层级设置

1 设置账户层级日预算为"1 000 元"

(1) 进入搜索推广,选择"便捷管理"。如图 9-18 所示。

图 9-18

(2) 点击"日预算"的"修改"。如图 9-19 所示。

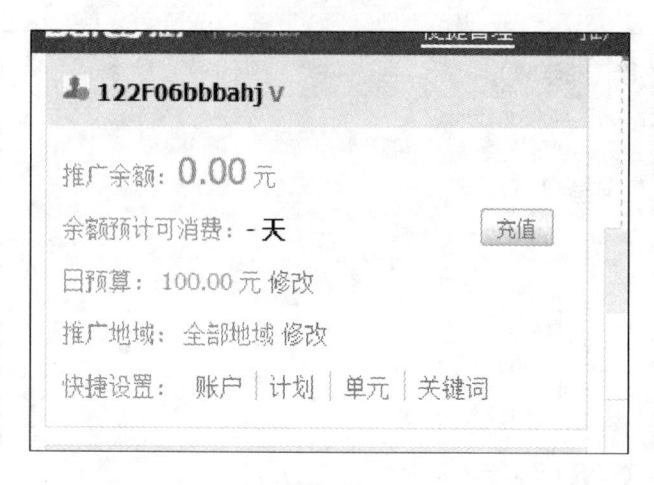

图 9-19

（3）将日预算改为 1 000 元，并点击"确定"保存。如图 9-20 所示。

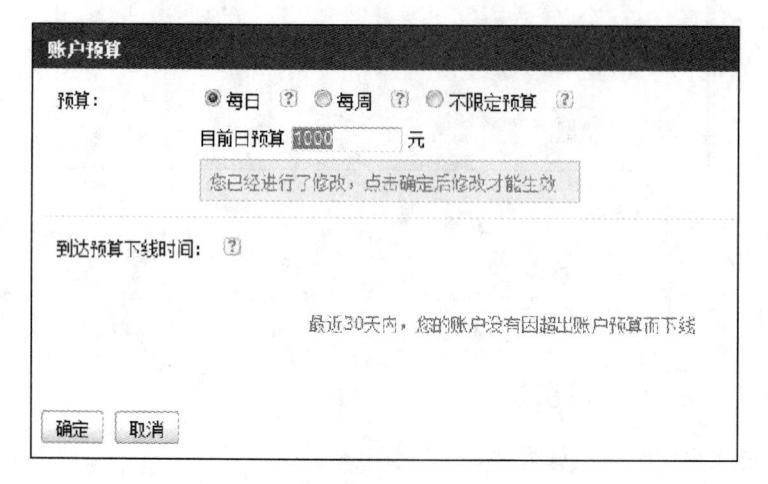

图 9-20

2. 设置账户层级推广地域为"中国地域"

（1）进入搜索推广，选择"便捷管理"。如图 9-21 所示。

图 9-21

（2）点击"推广地域"的"修改"。如图 9-22 所示。

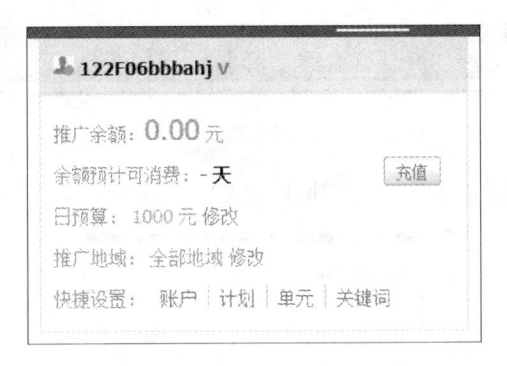

图 9-22

（3）将推广地域改为"部分地域"的所有中国地区，并点击"确定"保存。如图 9-23 所示。

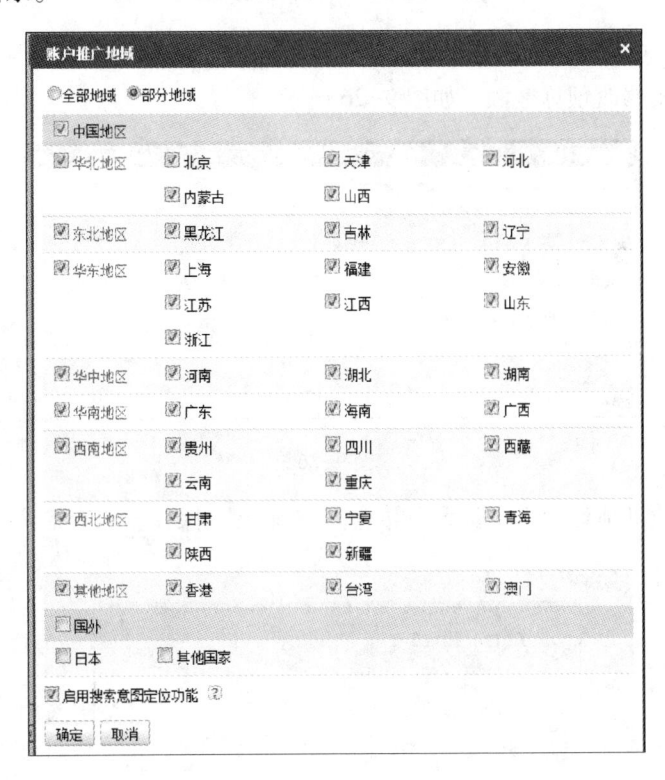

图 9-23

9.3.2 推广计划层级设置

1. 设置"王牌大米公司全国推广计划"日预算为"1 000 元"
（1）点击"推广管理"。如图 9-24 所示。

图 9-24

（2）选择"王牌大米公司全国推广计划"。如图 9-25 所示。

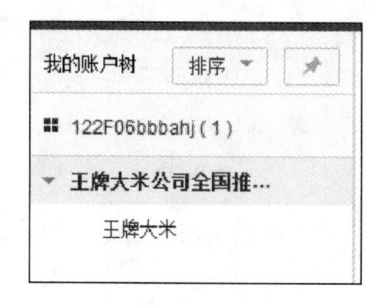

图 9-25

（3）点击修改预算金额。如图 9-26 所示。

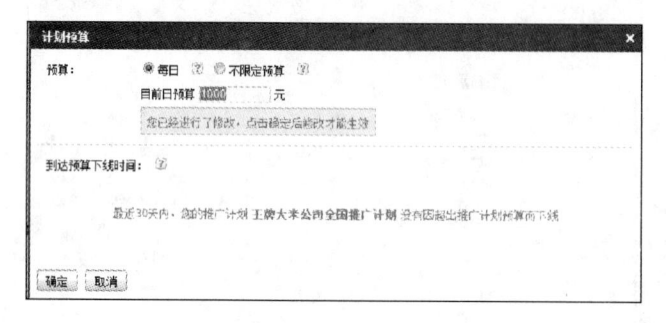

图 9-26

（4）设置日预算为 1 000 元，并点击"确定"保存。保存后界面如图 9-27 所示。

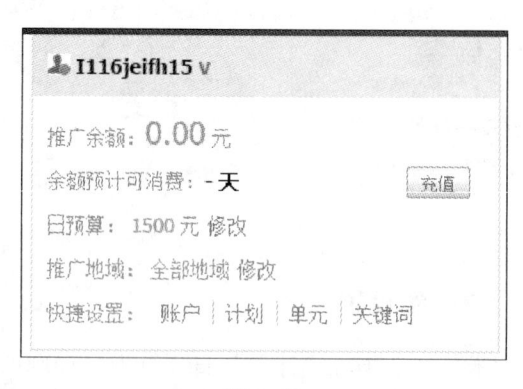

图 9-27

2. 设置"王牌大米公司全国推广计划"推广地域为"中国地域"

（1）点击修改推广地域。如图9-28所示。

图 9-28

（2）设置推广地域为"部分地域"中的所有中国地区，并点击"确定"保存。如图9-29所示。

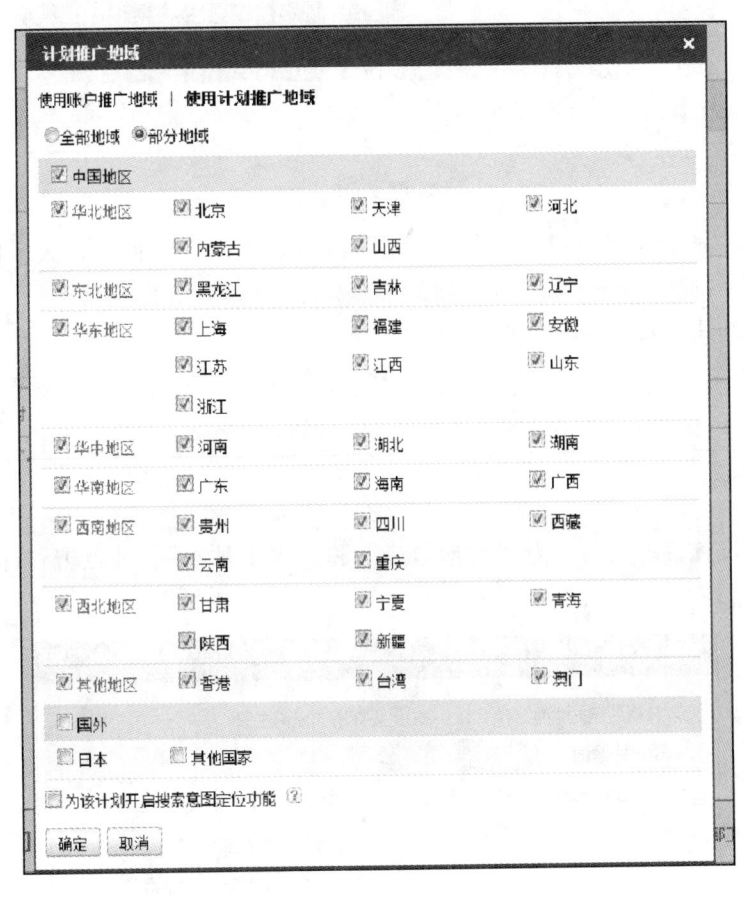

图 9-29

2. 将"王牌大米公司全国推广计划"的推广时段设置为"周一至周五09：00~22：00，周末全天"

（1）点击"推广时段"。如图9-30所示。

图 9-30

（2）设置推广时段为"周一至周五 09：00~22：00，周末全天"，并点击"确定"保存。如图 9-31 所示。

图 9-31

3. 将"王牌大米公司全国推广计划"的否定关键词设置为"大米做法"和"大米种类"

（1）点击否定关键词。如图 9-32 所示。

图 9-32

（2）设置否定关键词为"大米做法"和"大米种类"，并点击"保存"。如图 9-33 所示。

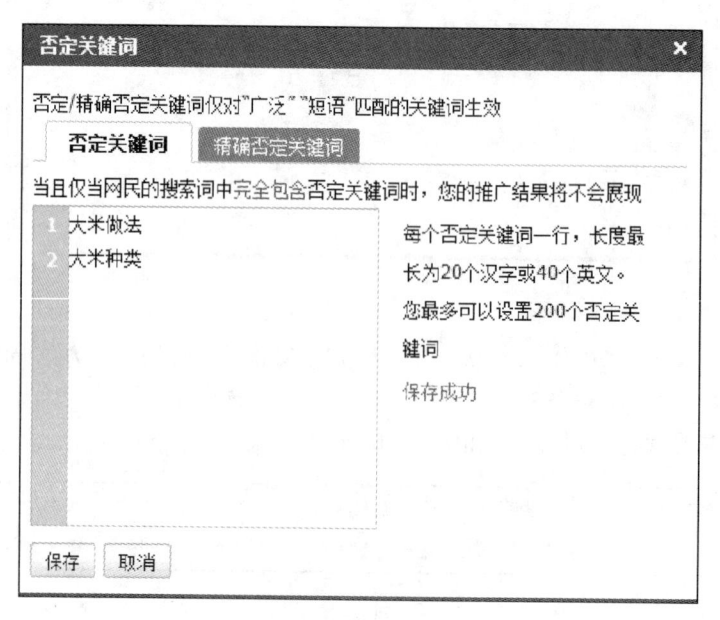

图 9-33

4. 其他设置

（1）"王牌大米公司全国推广计划"更名为"王牌大米全国推广计划"，创意展现方式为"优选"。

①点击"其他设置"。如图9-34所示。

图9-34

②将推广计划名称改为"王牌大米全国推广计划"，"创意展现方式"改为"优选"，并点击"保存"。如图9-35所示。

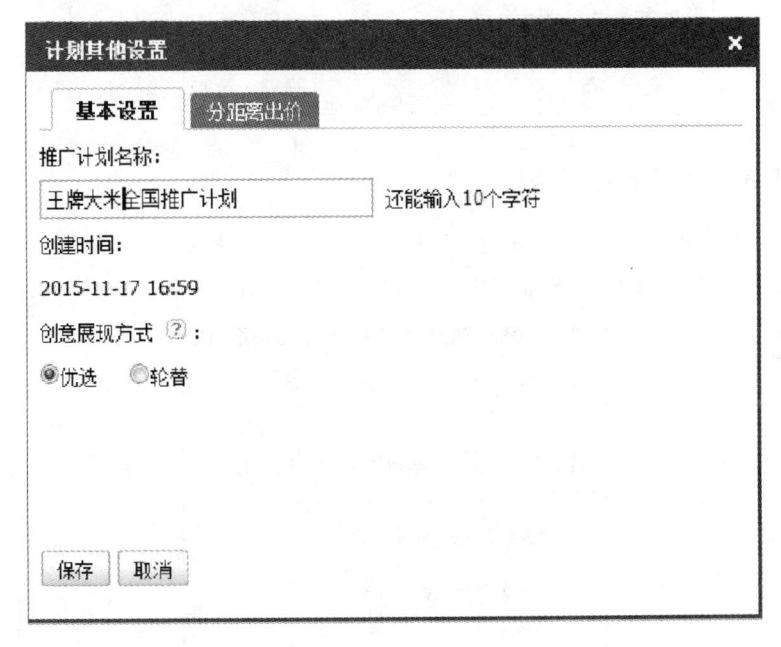

图9-35

（2）将"王牌大米全国推广计划"的状态调整为"有效"

①点击"推广单元"。如图9-36所示。

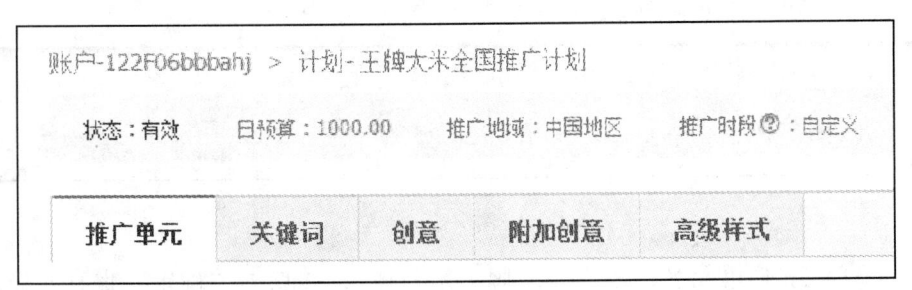

图9-36

②将计划状态调为"有效"。如图9-37所示。

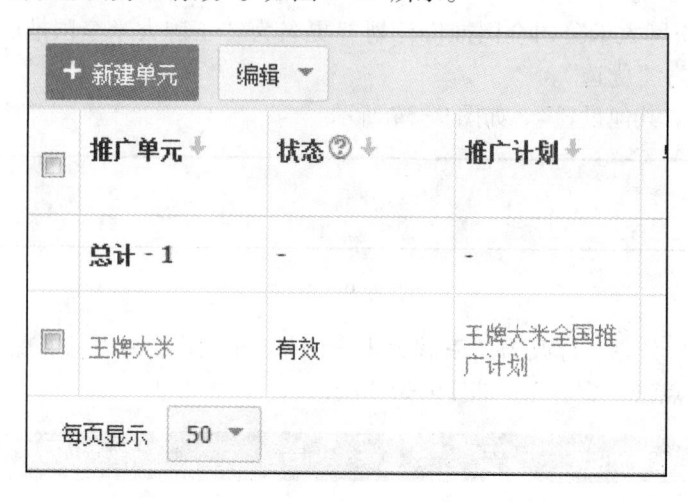

图9-37

9.3.3 推广单元层级设置

1. 将"王牌大米"推广单元名称修改为"王牌大米公司"

（1）点击进入王牌大米推广单元。如图9-38所示。

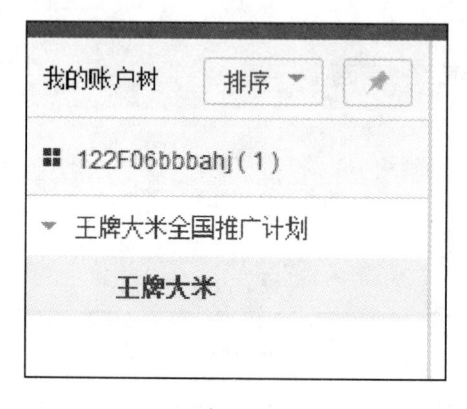

图9-38

（2）点击"其他设置"。如图9-39所示。

图9-39

（3）将推广单元名称改为"王牌大米公司"，并点击"确定"保存。如图9-40所示。

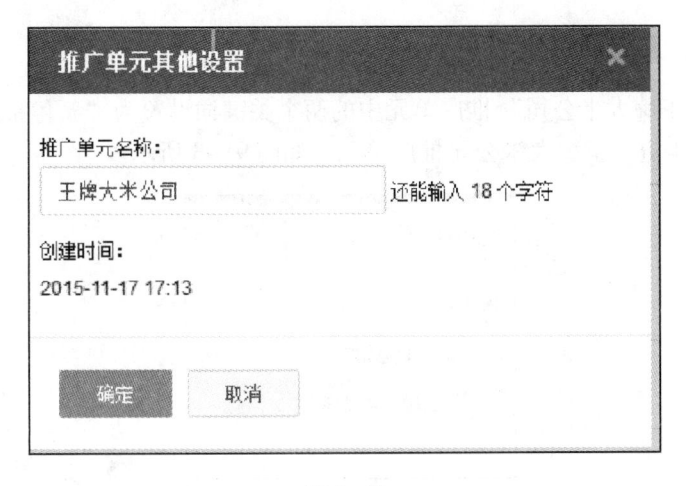

图 9-40

2. 修改"王牌大米公司"推广单元层级出价，由"5"元调整为"5.5"元
(1) 点击"单元出价"。如图 9-41 所示。

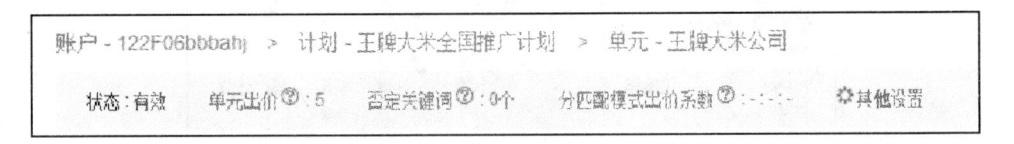

图 9-41

(2) 将出价调为"5.5"元，并点击"确定"保存。如图 9-42 所示。

图 9-42

9.3.4 关键词层级设置

1. 将"王牌大米公司"推广单元中的两个关键词设置为"暂停推广"状态

(1) 点击进入王牌大米公司推广单元。如图9-43所示。

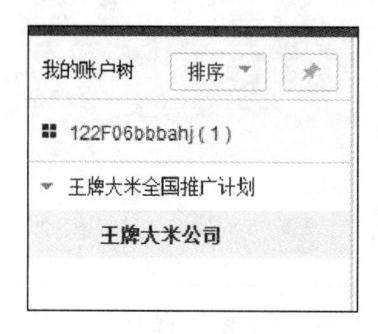

图 9-43

(2) 将两个关键词设置为"暂停推广"状态。如图9-44所示。

图 9-44

2. 将"王牌大米公司"推广单元中另外两个关键词的出价调整为"40"元

(1) 点击进入王牌大米公司推广单元。如图9-45所示。

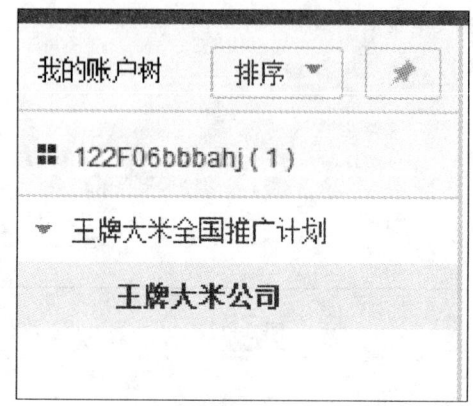

图 9-45

（2）选择另外两个关键词的出价调整为"40.00"元，并点击"确定"保存。如图9-46所示。

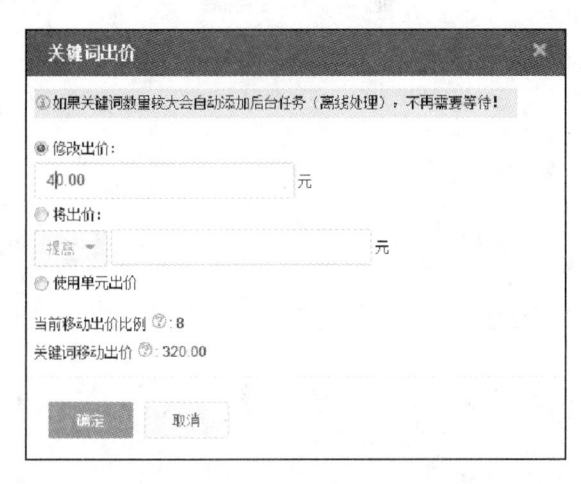

图 9-46

3. 将"王牌大米公司"推广单元中修改过出价的两个关键词调整为"短语匹配"。

（1）点开这两个关键词的匹配模式，修改为"短语"和"核心包含"，并点击"确定"保存。如图9-47所示。

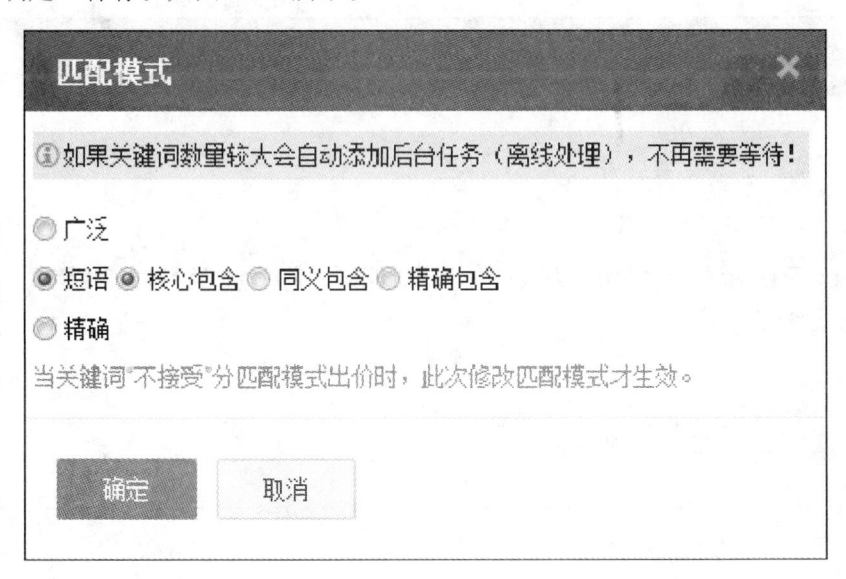

图 9-47

4. 将"王牌大米公司"推广单元中修改过出价的两个关键词的URL调整为"wprice2.baidu.com"。

（1）选中这两个关键词。如图9-48所示。

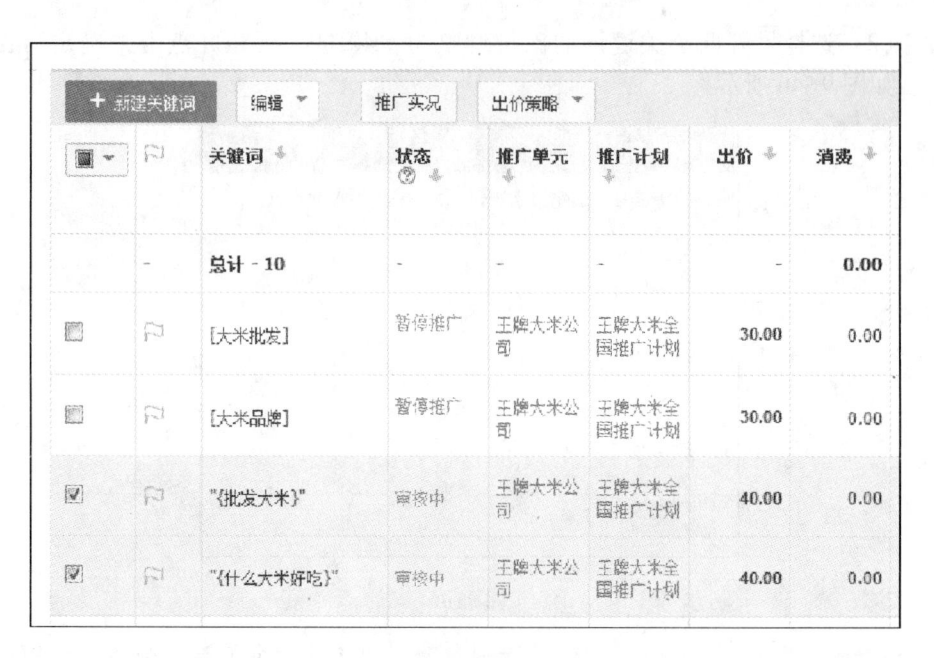

图 9-48

（2）点击"编辑"里的"修改访问 URL"，将 URL 调整为"wprice2.baidu.com"，并点击"确定"保存。如图 9-49 所示。

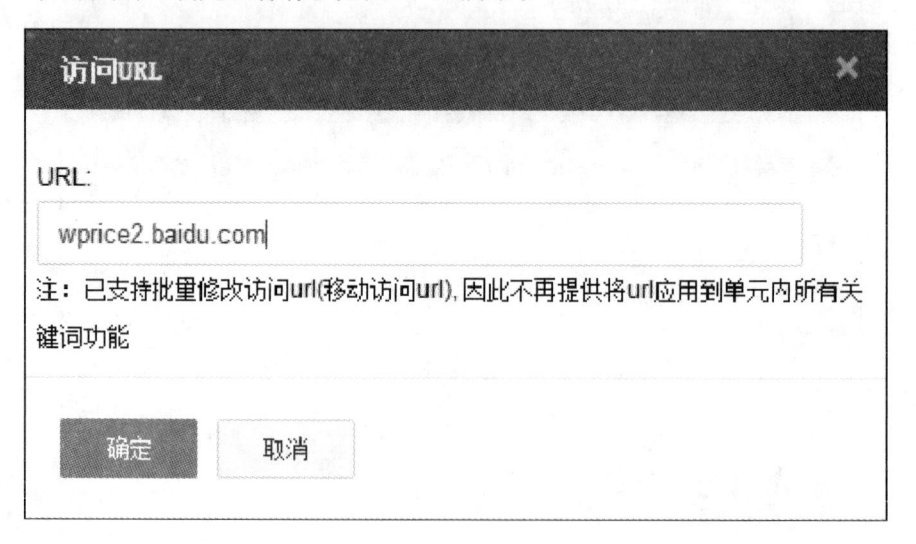

图 9-49

9.3.5　创意层级设置

1. 在"王牌大米公司"推广单元中的一个创意"描述 2"中加入"购满 500 斤送棉絮"。

（1）点击进入王牌大米公司推广单元。如图 9-50 所示。

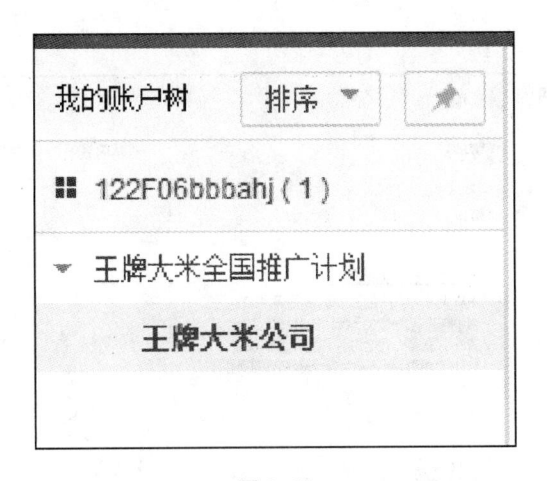

图 9-50

（2）点击"创意"。如图 9-51 所示。

图 9-51

（3）点击进入"编辑创意"界面进行修改，并确定保存，如图 9-52。

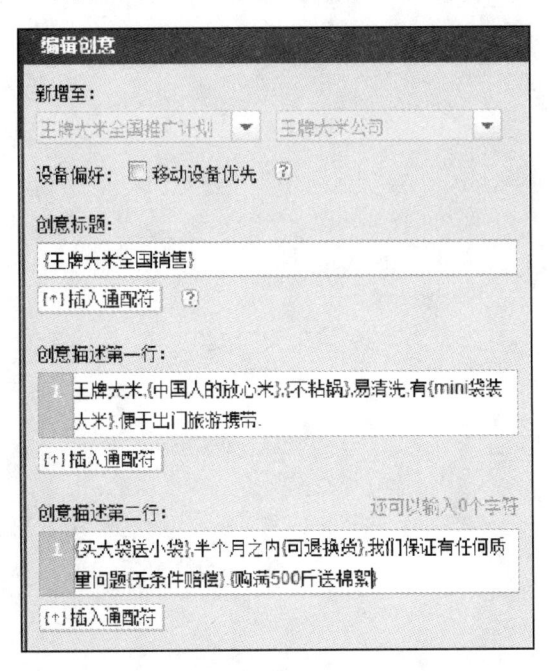

图 9-52

2. 将"王牌大米公司"推广单元中的另外一个创意设置为"暂停推广"。如

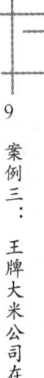

图 9-53 所示。

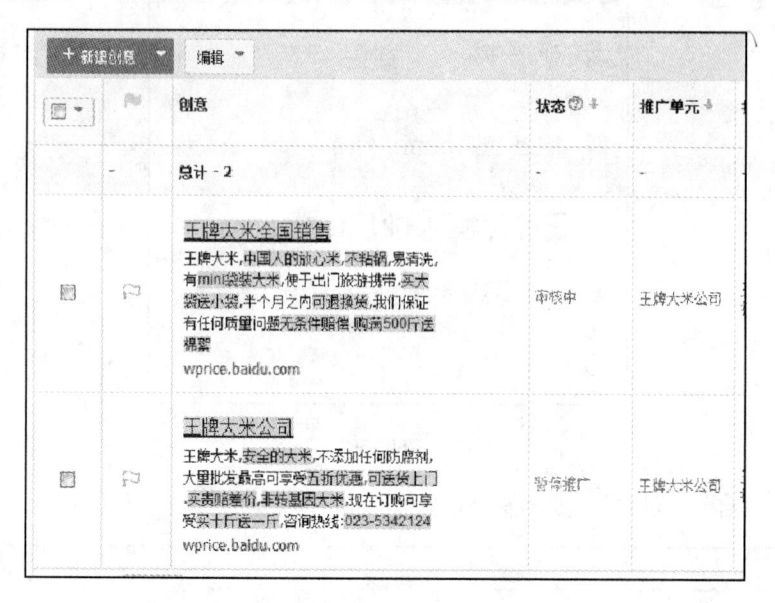

图 9-53

10 案例四：蛋糕店在重庆与成都的推广

10.1 客户基本信息

表1-5 客户基本信息

公司营销目标		通过对网站各项培训产品的推广，提升网站的访问量并形成订单
客户基本信息	公司名称	Sweet Cake 甘味蛋糕店
	行业概况	已投放渠道 1. 在微博、微信公众号等自媒体平台推广； 2. 在大众点评网、美团等团购平台推广。 以往投放 SEM 经验 市场部对 SEM 没有任何投放经验，了解同行通过百度搜索推广效果不错，希望尝试搜索推广并获得较多的订单回报。 主要的市场竞争对手 1. 好利来 2. 沁园 3. 元祖 主要的百度推广竞争对手 1. 团购类网站 2. 加盟类网站 3. 蛋糕品牌推广类网站
	公司规模	中型公司
	公司推广预算	每天 3 000 元
	受众目标	主要潜在客户：青年和中青年人群 潜在客户覆盖地区：重庆和成都 潜在客户群可能上网搜索时段： 成都地区：周一至周五 11：00~20：00，周末全天 重庆地区：周一至周五 11：00~20：00，周末全天
	官网网址	edu.baidu.com

1. 关于竞争对手补充说明

（1）主要的市场竞争对手

借助百度地图功能，在重庆区域地图内搜索"蛋糕店"，店铺数量排名前三的是沁园、好利来、元祖；在成都区域地图内搜索"蛋糕店"，店铺数量排名前三的是好利来、元祖、沁园。故可推断针对重庆、成都区域的主要市场竞争对手是好利来、沁园、元祖。

（2）主要的百度推广竞争对手

无论是在真实的百度搜索平台搜索，还是在模拟前台搜索关键词"蛋糕""蛋糕店""重庆蛋糕店""成都蛋糕店"等，第一页的网站中团购类网站数量最多，其次是加盟类网站，再次是诸如好利来等蛋糕品牌推广类网站，最后是蛋糕原料网站。故可推断百度推广的竞争对手是团购类网站、加盟类网站和蛋糕品牌推广类网站。

（3）竞争对手补充说明

我们将结合市场竞争对手和百度推广竞争对手两类的特点，制定相关的推广单元。根据市场竞争对手，推广单元与蛋糕相关；根据百度推广竞争对手，推广单元与加盟、DIY 相关。

2. 关于公司规模和公司推广预算补充说明

根据好利来（中国）电子科技股份有限公司 2015 年第三季度报告①，合并本报告期利润表指出销售费用为 2 711 592.38 元，即每日销售费用大概为 30 000 元。由于销售费用包含了众多推广费用，故推测百度推广费用不及一成，即小于 3 000 元。

由于沁园、元祖等公司没有上市，我们没能够找到财务报告，无法参考其销售费用。

（1）公司规模

公司规模为中型企业。

（2）公司推广预算

参考好利来的销售费用，同时考虑到公司市场部对 SEM 没有任何投放经验，前期需要通过设置偏高的推广预算，来开拓市场。故设置推广预算为 3 000 元。

3. 主要潜在客户（见图 10-1）

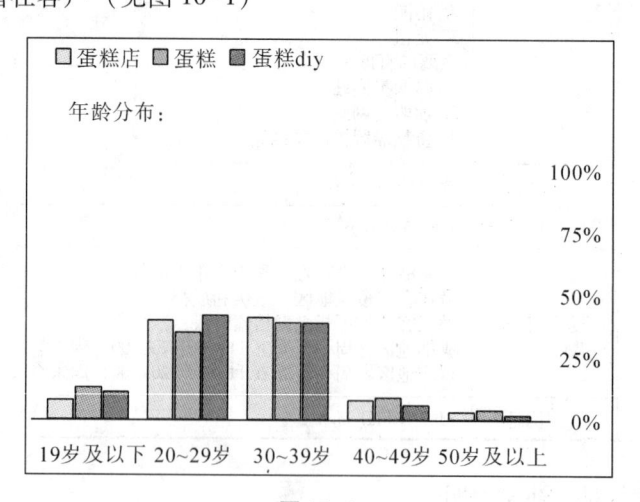

图 10-1

根据百度指数数据显示，主要潜在客户为青年和中青年人群。

4. 上网搜索时段

重庆地区和成都地区市场都重要，故设置相同的搜索时间。考虑到中午聚

---

① http://disclosure.szse.cn/finalpage/2015-10-29/1201734720.PDF.

会、下午茶、晚上聚会的蛋糕需求,将周一到周五的搜索时间设置为 11:00~20:00,而周末用户有更多空余的时间,会考虑 DIY 蛋糕,可将周末的搜索时间设置为全天。

10.2 搜索推广操作

10.2.1 建立账户结构

1. 建立计划:"重庆推广计划"

(1)新建推广计划,输入推广计划名称"重庆推广计划",选择创意展现方式"优选",设置推广地域"重庆"。如图 10-2 所示。

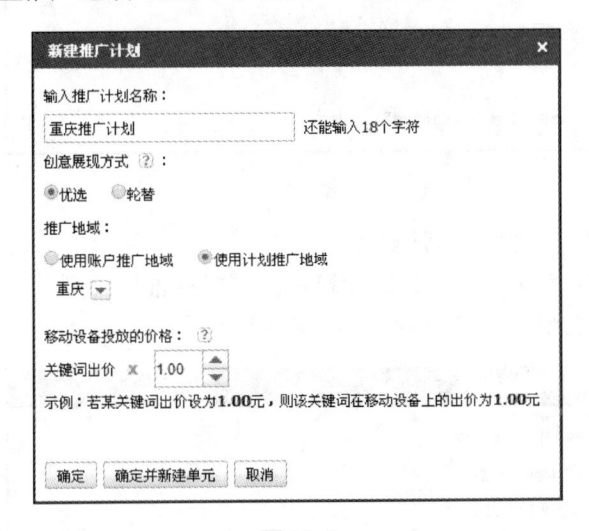

图 10-2

(2)新建推广单元,选择目标计划名"重庆推广计划",输入单元名称"蛋糕订购",设置单元出价"3"元。如图 10-3 所示。

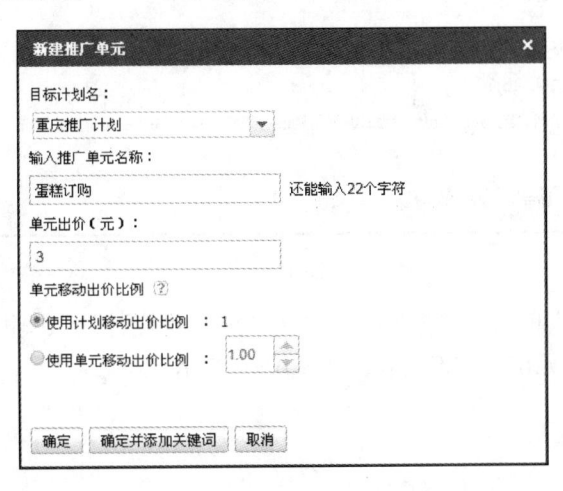

图 10-3

（3）新建推广单元，选择目标计划名"重庆推广计划"，输入单元名称"蛋糕DIY"，设置单元出价"2"元。如图10-4所示。

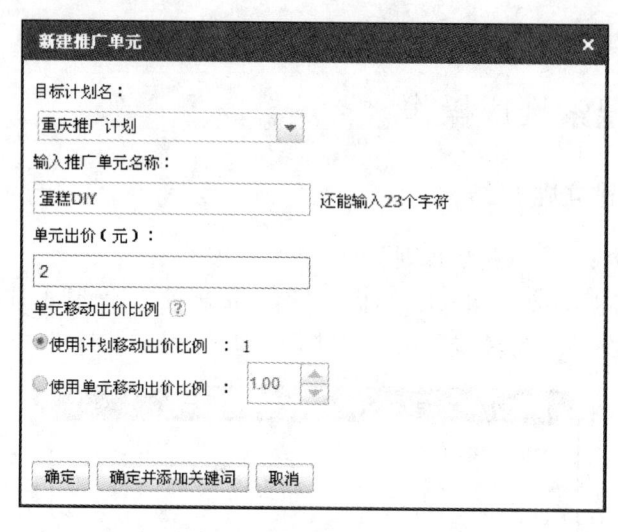

图10-4

2. 建立计划："成都推广计划"

（1）新建推广计划，输入推广计划名称"成都推广计划"，选择创意展现方式"优选"，设置推广地域"成都"。如图10-5所示。

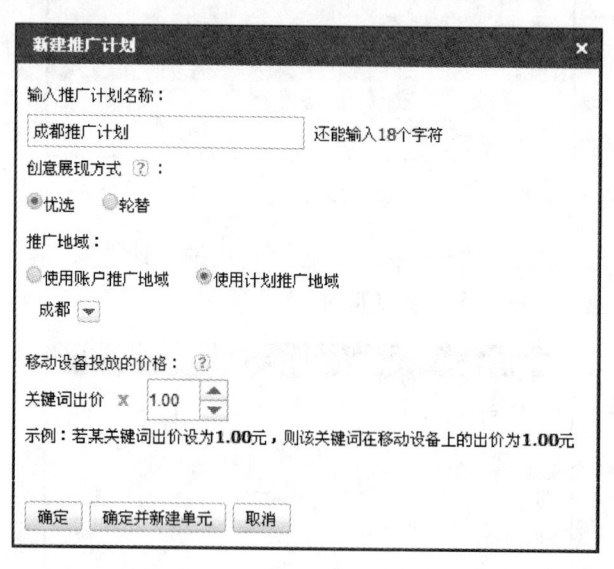

图10-5

（2）新建推广单元，选择目标计划名"成都推广计划"，输入单元名称"蛋糕品类"，设置单元出价"3"元。如图10-6所示。

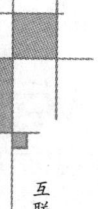

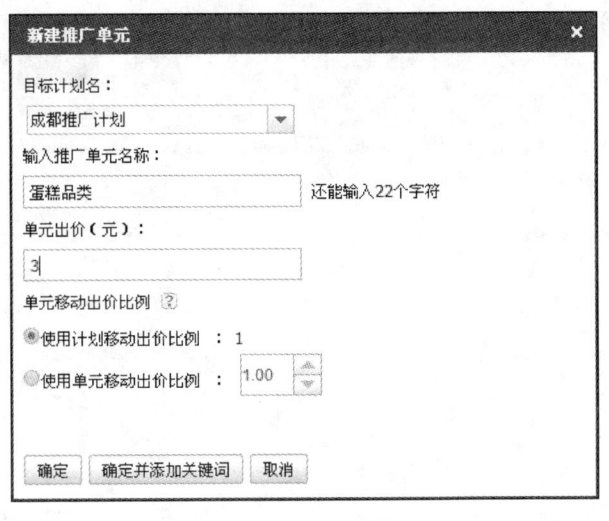

图 10-6

（3）新建推广单元，选择目标计划名"成都推广计划"，输入单元名称"蛋糕店加盟"，设置单元出价"3"元。如图 10-7 所示。

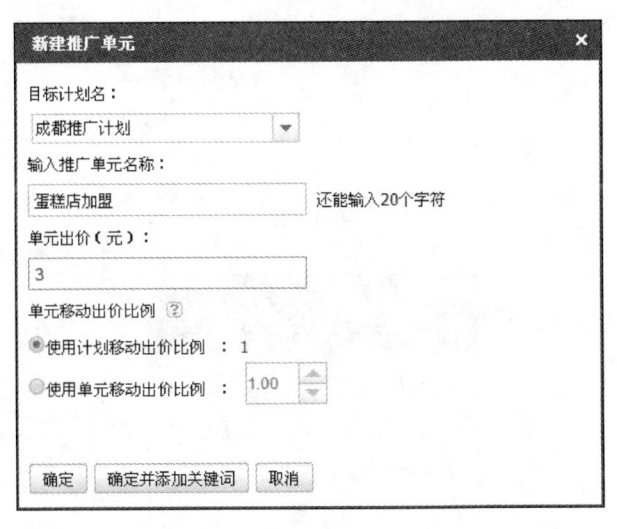

图 10-7

10.2.2　添加关键词

1. 在"蛋糕订购"单元中添加 10 个"蛋糕订购"相关的关键词，如图 10-8 所示；全部设置为"广泛匹配"。如图 10-9 所示。

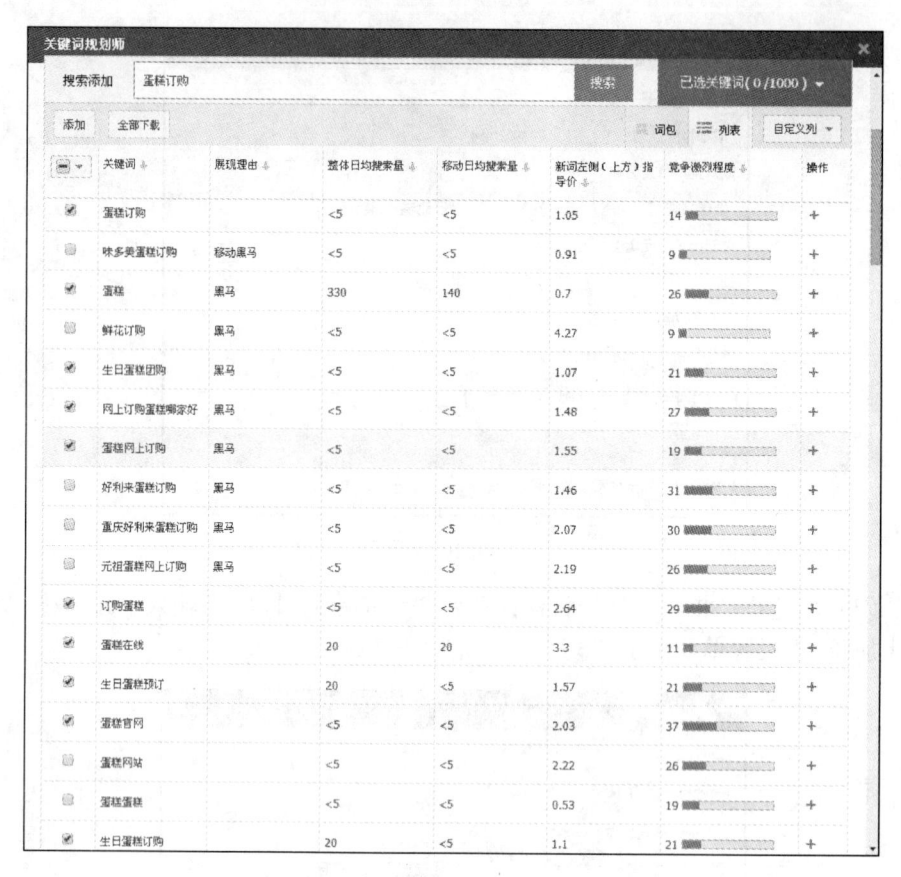

图 10-8

图 10-9

2. 在"蛋糕DIY"单元中添加10个"蛋糕DIY"相关的关键词,如图10-10所示;全部设置为"短语匹配",如图10-11所示。

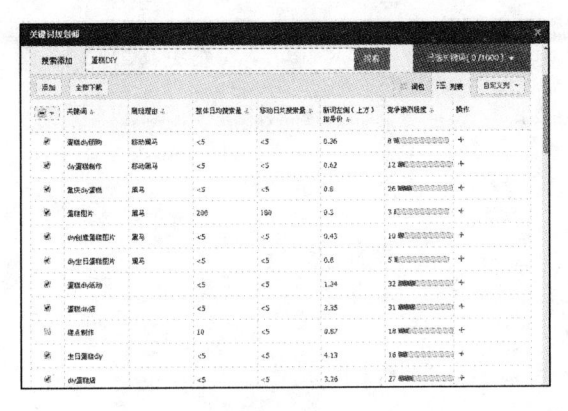

图 10-10

图 10-11

3. 在"蛋糕品类"单元中添加10个"蛋糕品类"相关的关键词,全部设置为"广泛匹配"。如图10-12所示。

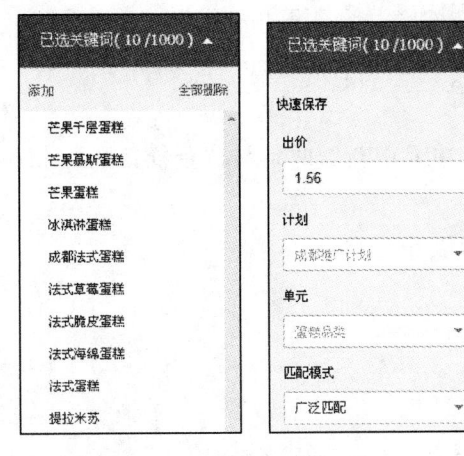

图 10-12

4. 在"蛋糕店加盟"单元中添加10个"蛋糕店加盟"相关的关键词，如图10-13所示；全部设置为"短语匹配"，如图10-14所示。

图 10-13

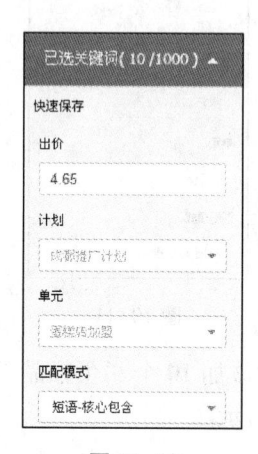

图 10-14

10.2.3 新增创意

1. 在"蛋糕订购"单元中新增两条与"蛋糕订购"相关的创意。如图10-15、图10-16所示。

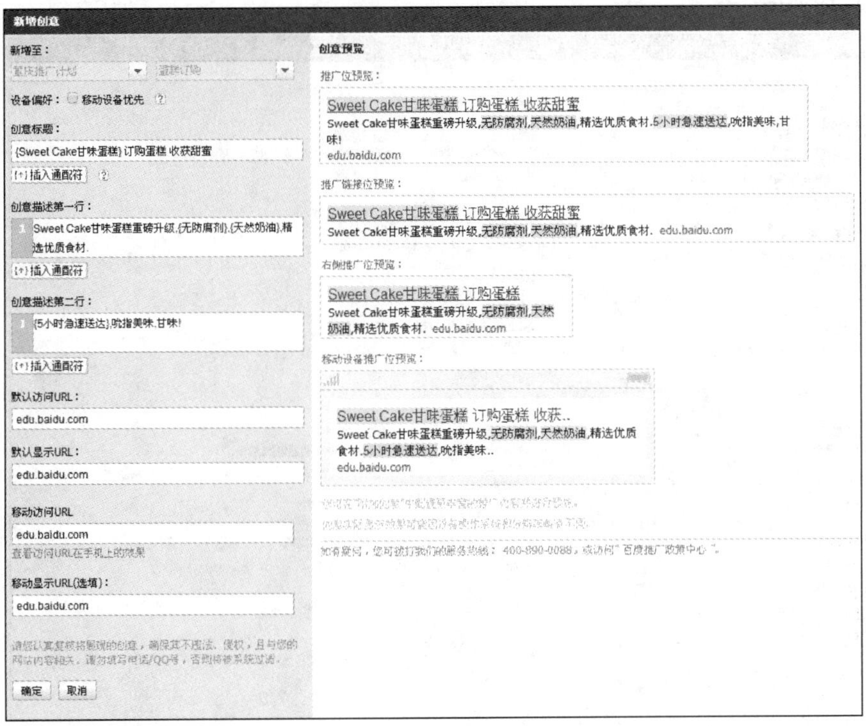

图 10-15

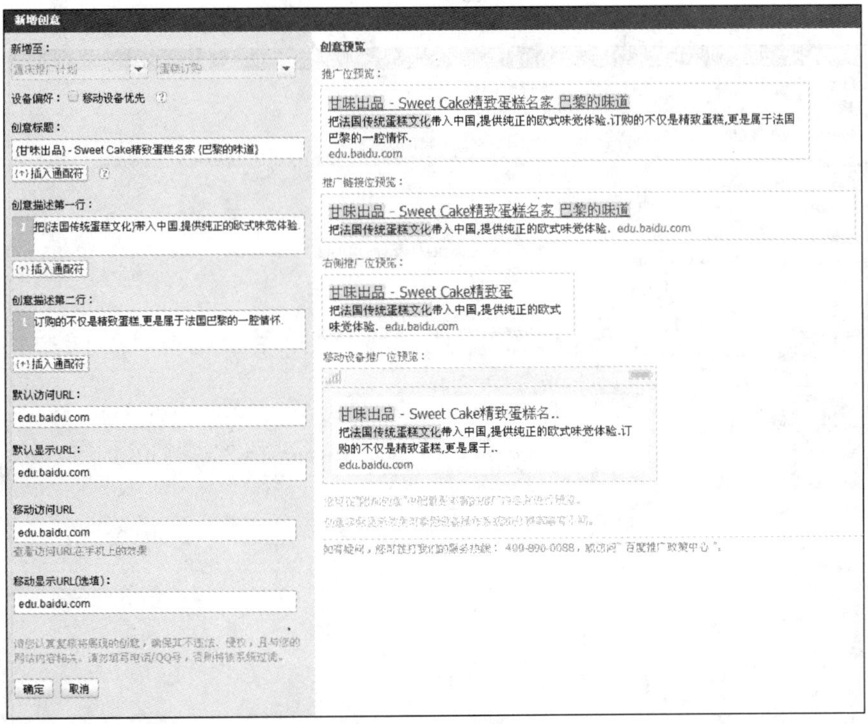

图 10-16

2. 在"蛋糕DIY"单元中新增两条与"蛋糕DIY"相关的创意。如图10-17、

图 10-18 所示。

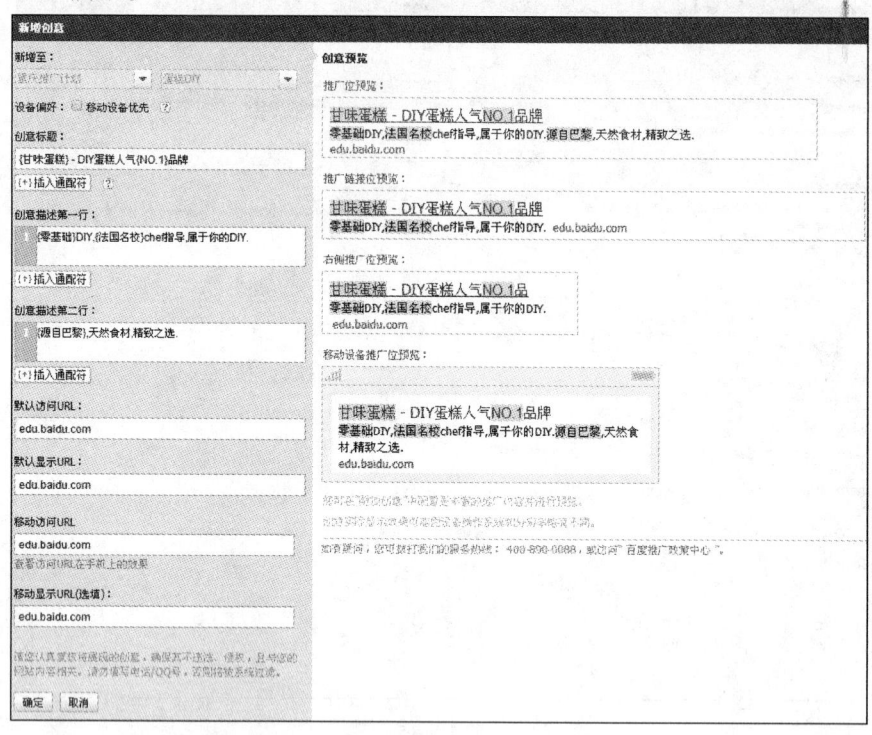

图 10-17

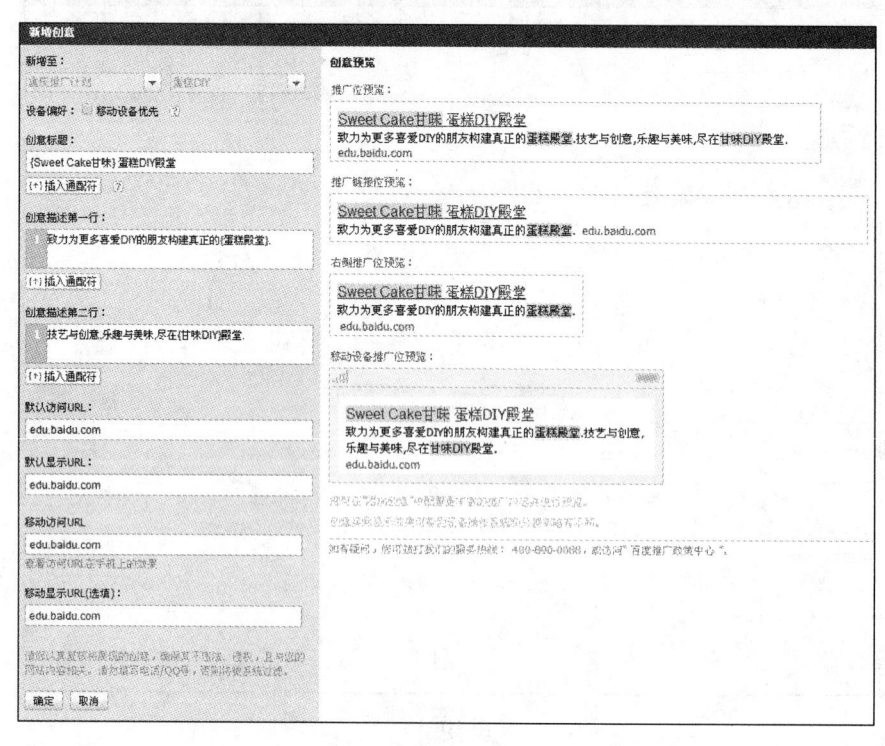

图 10-18

3. 在"蛋糕品类"单元中新增两条与"蛋糕品类"相关的创意。如图 10-19、图 10-20 所示。

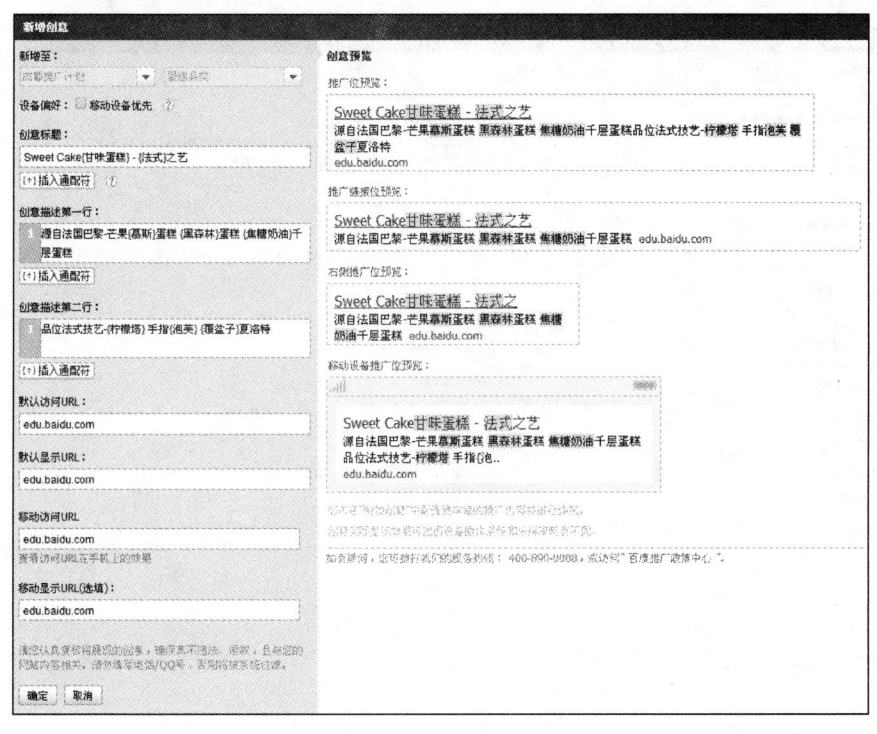

图 10-19

图 10-20

4. 在"蛋糕店加盟"单元中新增两条与"蛋糕店加盟"相关的创意。如图 10-21、图 10-22 所示。

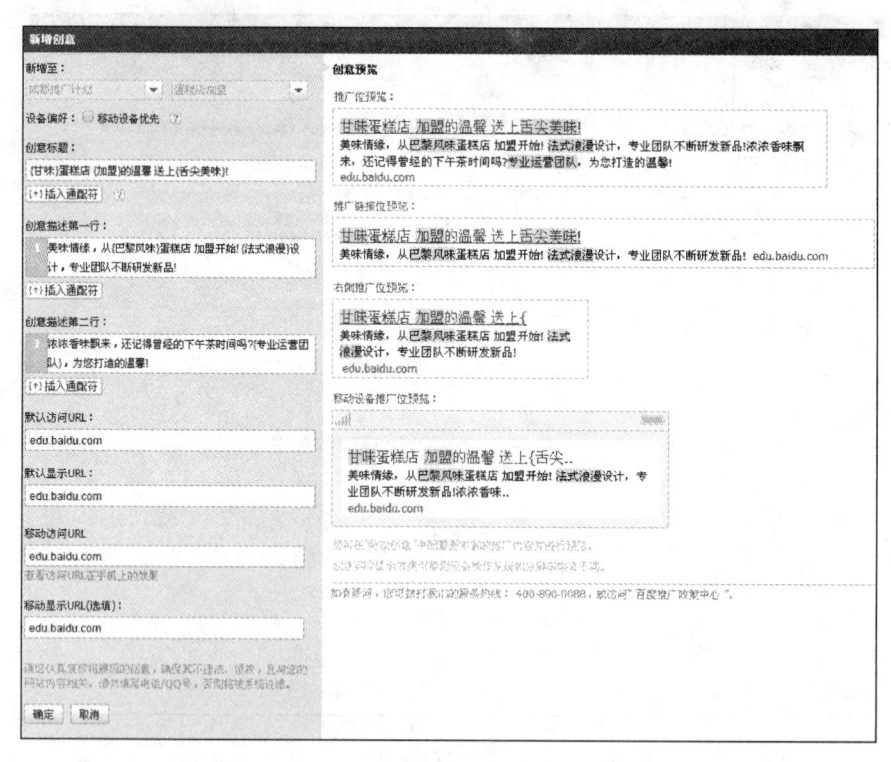

图 10-21

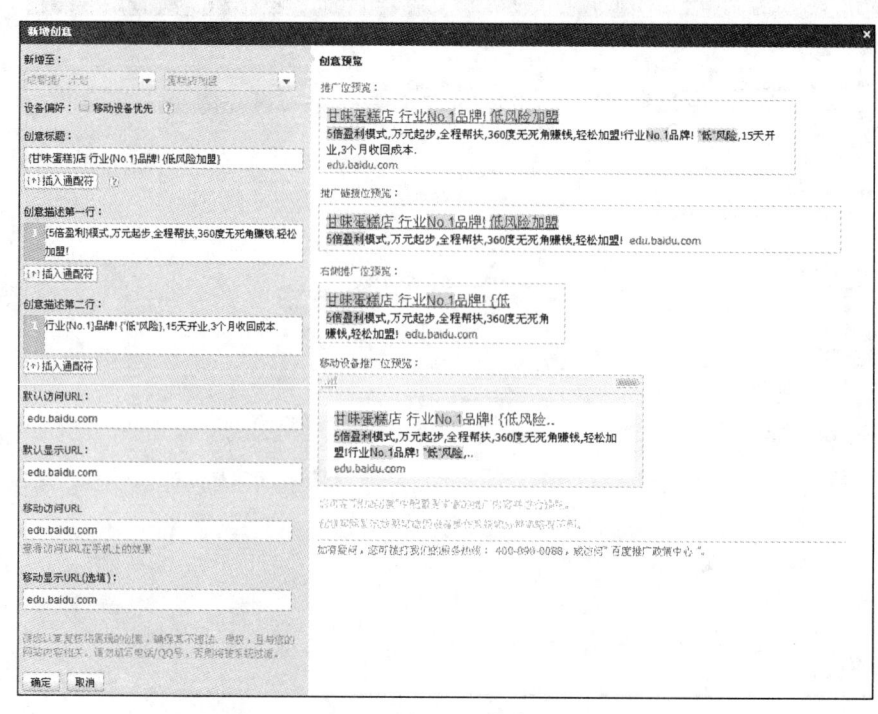

图 10-22

10.3　各层级设置

10.3.1　账户层级的设置

1. 账户层级各方面的设置

（1）设置账户层级日预算为"3 000元"。如图10-23所示。

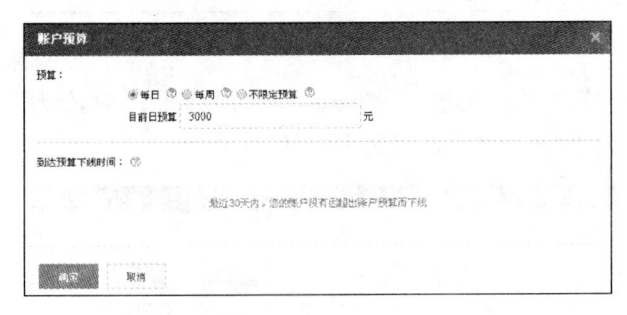

图10-23

（2）将账户层级推广地域设置为"重庆"和"成都"。如图10-24所示。

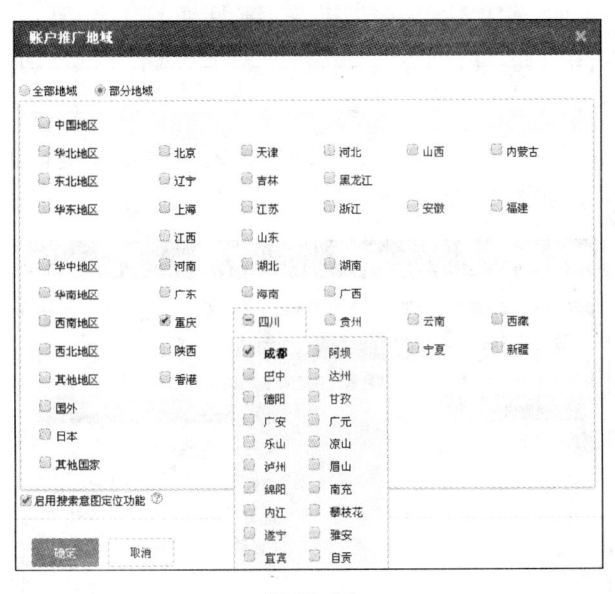

图10-24

10.3.2　推广计划层级的设置

1."重庆推广计划"计划层级设置

（1）设置日预算：将"重庆推广计划"日预算设置为"1 500"元。如图10-25所示。

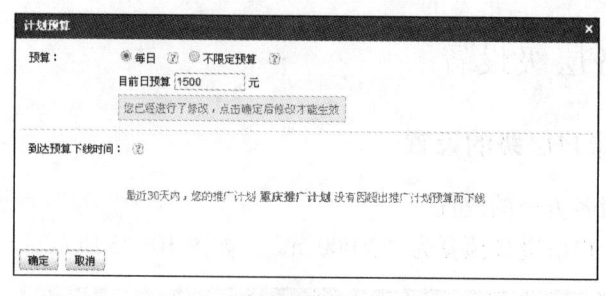

图 10-25

（2）设置推广时段：设置"重庆推广计划"推广时段为"周一至周五 11：00~20：00，周末全天"，如图 10-26 所示。

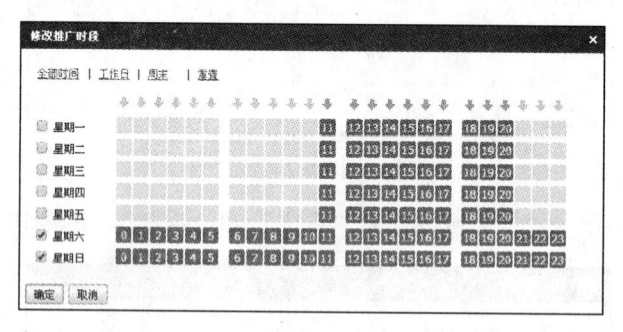

图 10-26

（3）设置否定关键词：设置"重庆推广计划"否定关键词为"蛋糕原料"和"蛋糕师培训"，如图 10-27 所示。

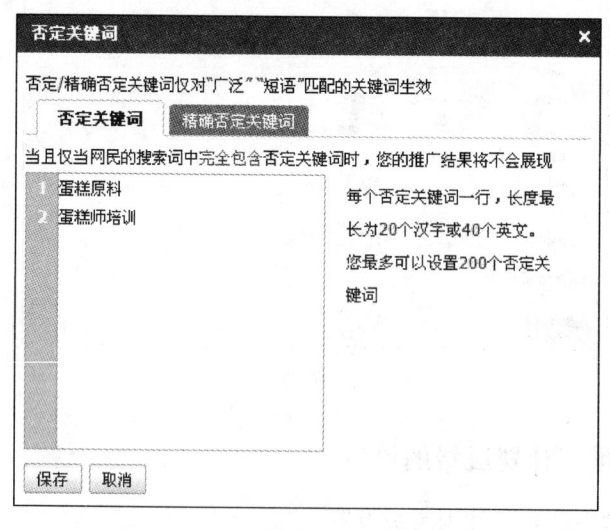

图 10-27

（4）其他设置：将"重庆推广计划"推广计划名称修改为"BIGER 重庆推广计划"，将创意展现方式设置为"优选"，如图 10-28 所示。

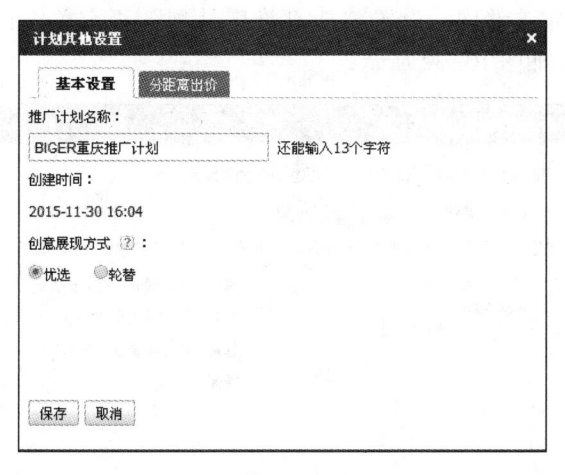

图 10-28

（5）计划状态调整：设置为"有效"。如图 10-29 所示。

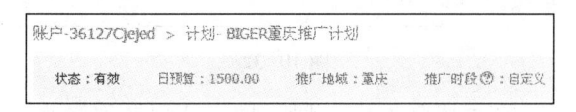

图 10-29

2. "成都推广计划"计划层级设置
（1）设置日预算：设置"成都推广计划"日预算为"1 500"元。如图 10-30 所示。

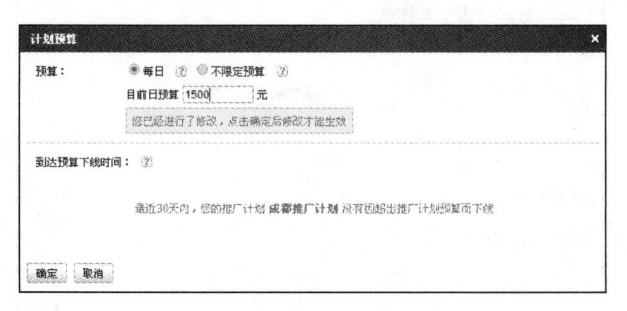

图 10-30

（2）设置推广时段：设置"成都推广计划"推广时段为"周一至周五11：00～20：00，周末全天"，如图 10-31 所示。

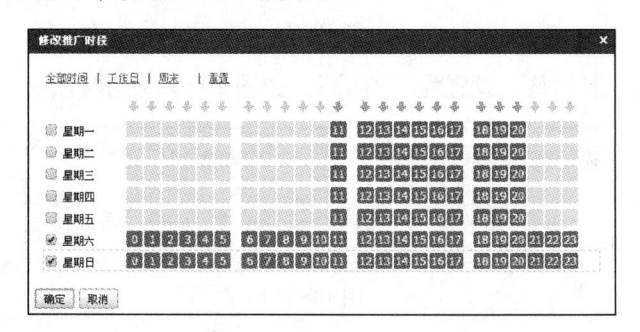

图 10-31

（3）设置否定关键词：设置"成都推广计划"否定关键词为"蛋糕原料"和"蛋糕模具"，如图10-32所示。

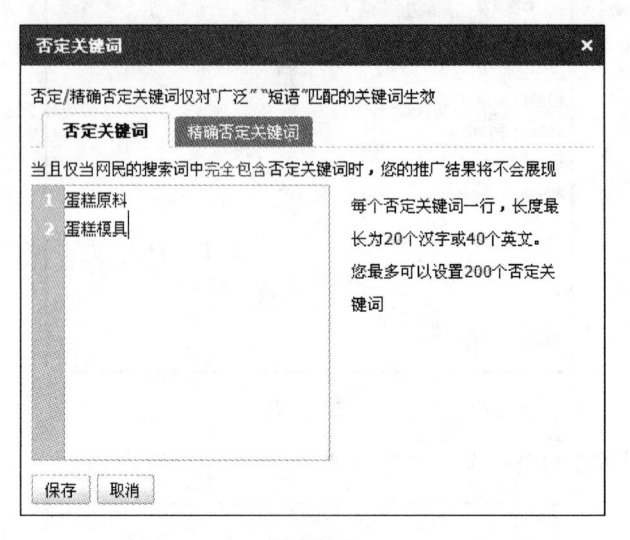

图 10-32

（4）其他设置：将"成都推广计划"推广计划名称修改为"BIGER成都推广计划"，设置创意展现方式设置为"优选"，如图10-33所示。

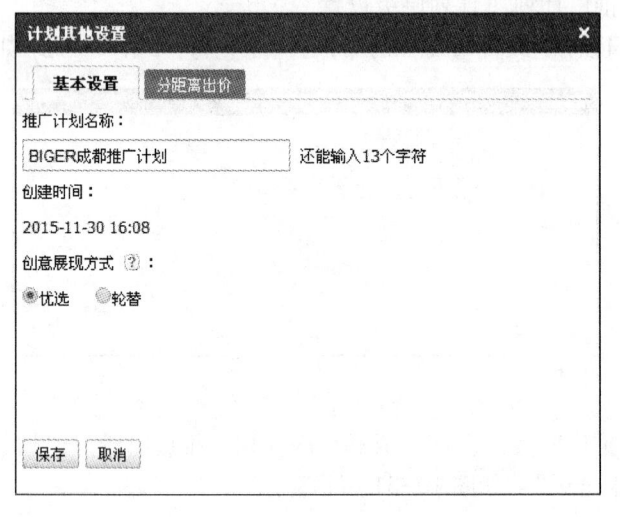

图 10-33

（5）计划状态调整：设置为"有效"，如图10-34所示。

图 10-34

10.3.3 推广单元层级设置

1. 修改推广单元名称

(1) 将"BIGER 重庆推广计划"内的"蛋糕订购"单元名称修改为"蛋糕订购-重庆",如图 10-35 所示。

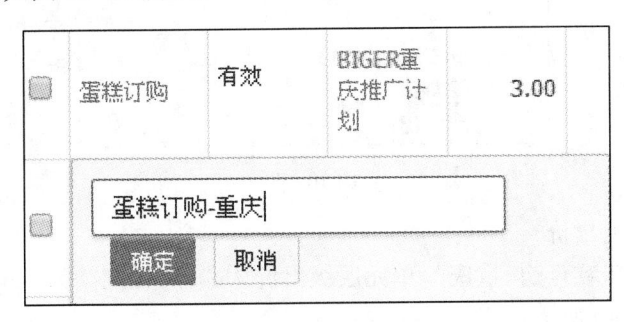

图 10-35

(2) 将"BIGER 重庆推广计划"内的"蛋糕 DIY"单元名称修改为"蛋糕 DIY-重庆",如图 10-36 所示。

图 10-36

(3) 将"BIGER 成都推广计划"内的"蛋糕品类"单元名称修改为"蛋糕品类-成都",如图 10-37 所示。

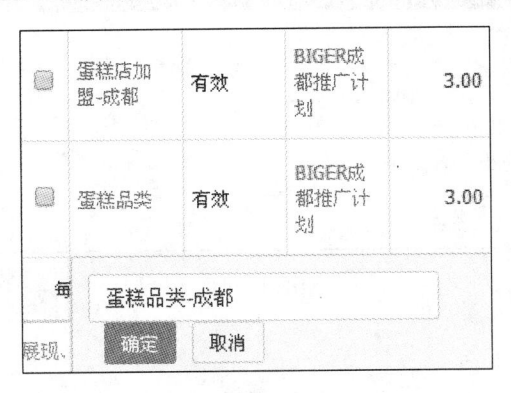

图 10-37

（4）将"BIGER成都推广计划"内的"蛋糕店加盟"单元名称修改为"蛋糕店加盟-成都"，如图10-38所示。

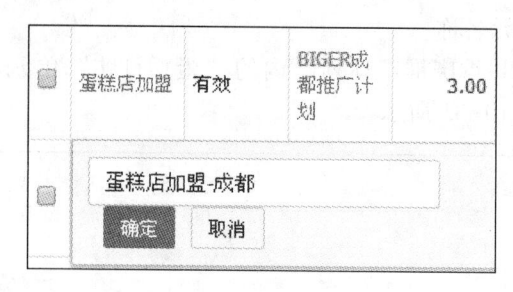

图 10-38

2. 设置单元出价

（1）将"蛋糕订购-重庆"单元层级出价从"3"元调整为"3.5"元，如图10-39、图10-40所示。

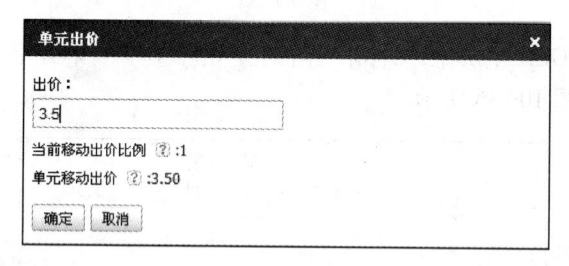

图 10-39

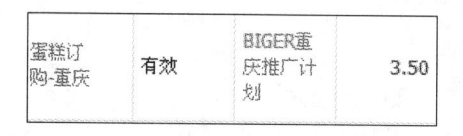

图 10-40

（2）设置单元出价："蛋糕品类-成都"单元层级出价从"3"元调整为"3.5"元，如图10-41、图10-42所示。

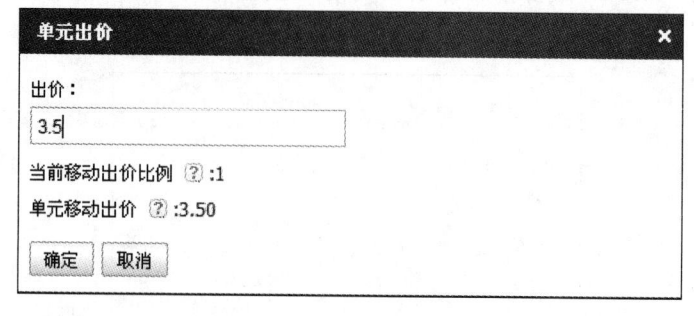

图 10-41

| 蛋糕店加盟-成都 | 有效 | BIGER成都推广计划 | 3.50 |

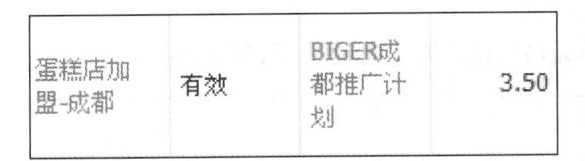

图 10-42

3. 设置否定关键词

（1）将"蛋糕DIY-重庆"单元层级否定关键词设置为"学院"，精确否定关键词"蛋糕学院"，如图10-43、图10-44所示。

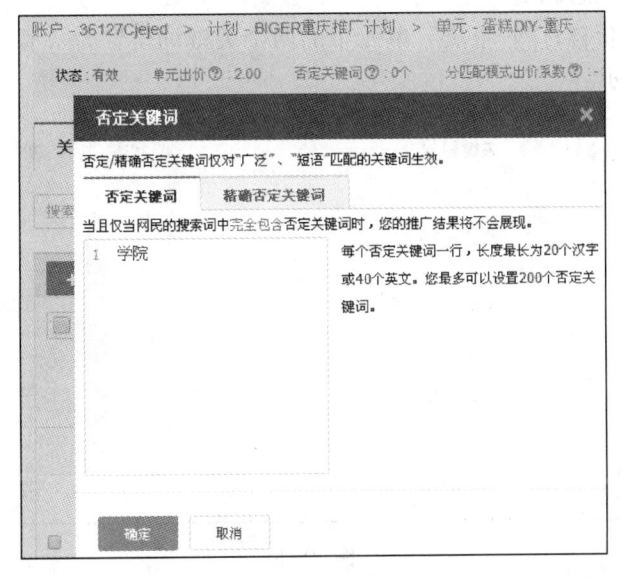

图 10-43

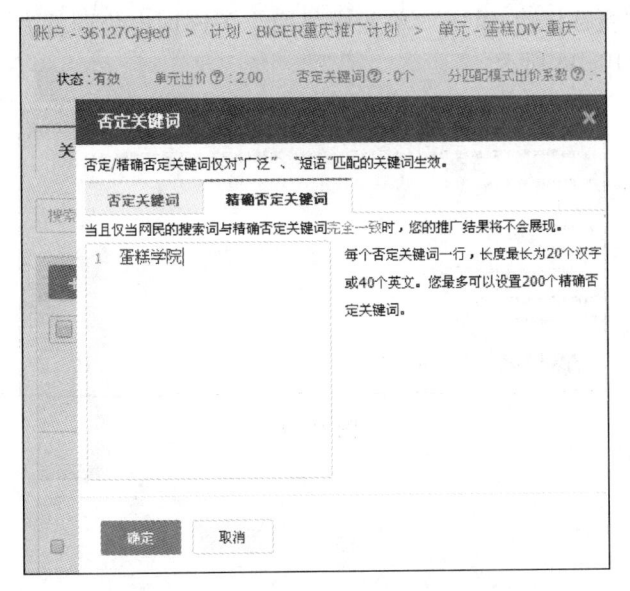

图 10-44

4. 单元状态调整

（1）所有单元格均设置为"有效"，如图10-45所示。

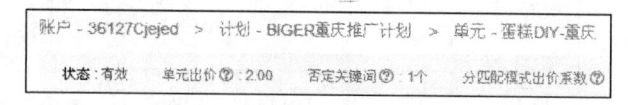

图 10-45

10.3.4　关键词层级设置

1. 关键词状态调整

（1）将"蛋糕订购-重庆"单元中的两个关键词设置为"暂停推广"状态。如图10-46所示。

		关键词	状态	推广单元	推广计划
-		总计 - 10	-	-	-
		蛋糕	暂停推广	蛋糕订购-重庆	BIGER重庆推广计划
		蛋糕官网	暂停推广	蛋糕订购-重庆	BIGER重庆推广计划
		生日蛋糕预订	审核中	蛋糕订购-重庆	BIGER重庆推广计划

图 10-46

1. 关键词出价设置

（1）将"蛋糕订购-重庆"单元中另两个关键词出价调整为"5.5"元，如图10-47、图10-48所示。

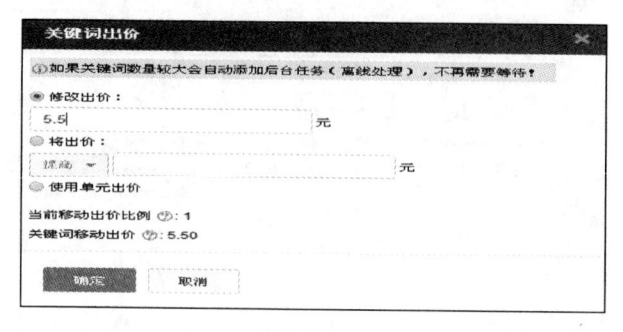

图 10-47

关键词	状态	推广单元	推广计划	出价
总计 - 10	-	-	-	-
蛋糕	暂停推广	蛋糕订购-重庆	BIGER重庆推广计划	3.30
蛋糕官网	暂停推广	蛋糕订购-重庆	BIGER重庆推广计划	3.30
生日蛋糕预订	审核中	蛋糕订购-重庆	BIGER重庆推广计划	5.50
网上订购蛋糕哪家好	审核中	蛋糕订购-重庆	BIGER重庆推广计划	5.50

图 10-48

2. 关键词匹配模式设置

(1) 将"蛋糕订购-重庆"单元中调整过出价的两个关键词调整为"短语"匹配，如图 10-49、图 10-50 所示。

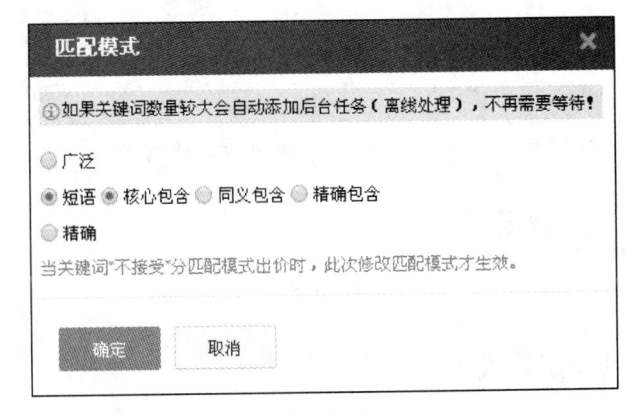

图 10-49

| [生日蛋糕预订] | 审核中 | 蛋糕订购-重庆 | BIGER重庆推广计划 | 5.50 | 0.00 | 0 | 0 | 0.00 | 0 | ☆☆☆☆☆ 1 | ☆☆☆☆☆ 1 | 短语-核心包含 |
| [网上订购蛋糕哪家好] | 审核中 | 蛋糕订购-重庆 | BIGER重庆推广计划 | 5.50 | 0.00 | 0 | 0 | 0.00 | 0 | ☆☆☆☆☆ 1 | ☆☆☆☆☆ 1 | 短语-核心包含 |

图 10-50

3. 关键词访问 URL 设置

(1) 将"蛋糕订购-重庆"单元中调整过出价的两个关键词访问 URL 调整为"edu2.baidu.com"，如图 10-51、图 10-52 所示。

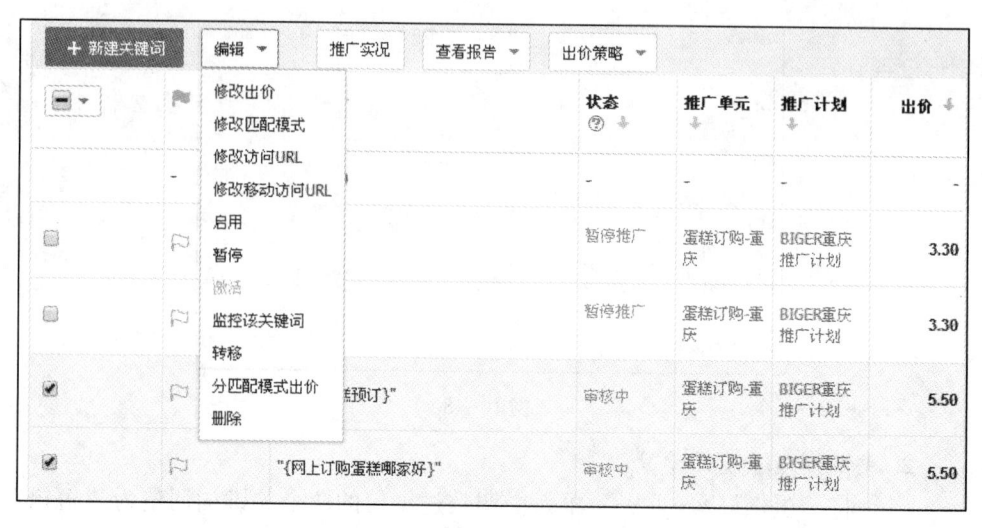

图 10-51

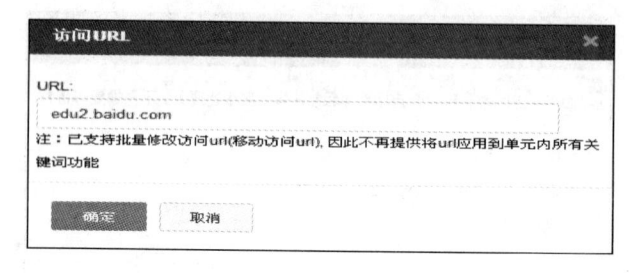

图 10-52

10.3.5 创意层次设置

1. 在"蛋糕订购-重庆"单元中的其中一个创意"描述 1"中加入"满 100 元省 15 元"活动文字。如图 10-53 所示。

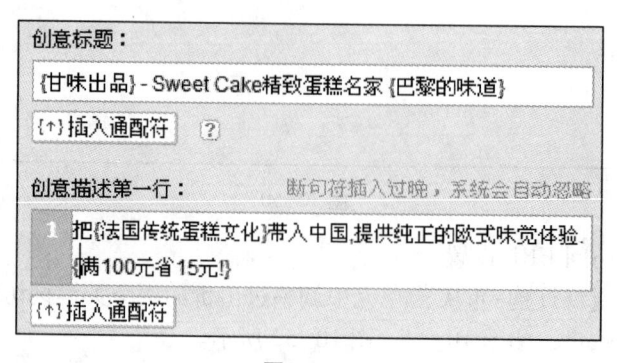

图 10-53

2. 创意状态调整（有效/暂停推广）：将"蛋糕订购-重庆"单元中的另一个创意设置为"暂停推广"。如图 10-54 所示。

创意	状态
总计 - 2	-
<u>Sweet Cake甘味蛋糕 订购蛋糕收获甜蜜</u> Sweet Cake甘味蛋糕重磅升级,无防腐剂,天然奶油,精选优质食材.5小时急速送达,吮指美味,甘味! edu.baidu.com	暂停推广
<u>甘味出品 - Sweet Cake精致蛋糕名家 巴黎的味道</u> 把法国传统蛋糕文化带入中国,提供纯正的欧式味觉体验.满100元省15元订购的不仅是精致蛋糕,更是属于法国巴黎的一腔情怀. edu.baidu.com	审核中

图 10-54